알프스 시리즈-24

알프스 트레킹-7
몽블랑 일주(TMB)

허긍열

고교 시절 암벽등반을 시작으로 산의 세계와 만났다. 20대 초반, 1986년에 히말라야 창랑(7319m) 등정 후 북반구의 여러 만년설산과 알프스의 북벽들을 올랐다. 1990년부터 알프스와 인연을 맺고 등반 활동, 사진 촬영 및 산과 관련된 서적들을 발간하고 있다.

알프스 시리즈 - 24
알프스 트레킹-7(몽블랑 일주)

초판 : 2016년 2월 20일

짓고 펴낸이 | 허긍열
다듬은 이 | 장정미
펴낸 곳 | 도서출판 몽블랑
출판등록 | 2012년 3월 28일 제 2012-000013호
대구광역시 수성구 교학로 11길 46번지
http://cafe.daum.net/GOALPS
(다음카페 고알프스)
vallot@naver.com

값 / 19,000원

ISBN 979-11-85089-08-9
ISBN 978-89-968755-2-9 (세트)

이 도서의 국립중앙도서관 출판시도서목록(CIP)은 서지정보유통지원시스템 홈페이지(http://seoji.nl.go.kr)와 국가자료공동목록시스템(http://www.nl.go.kr/kolisnet)에서 이용하실 수 있습니다.(CIP제어번호: CIP2016000170)

목차

책을 내면서	4
1 - 몽블랑 일주 개요	8
TMB(몽블랑 일주) 지도	10
기간별 몽블랑 일주계획	12
2 - 걷기에 앞서	13
3 - 몽블랑 일주(TMB)	21
4 - 각종 연락처	222

책을 내면서

알프스 최고봉을 다시 돌다

사계절 내내 머리에 하얀 왕관을 쓰고 있는 알프스 최고봉 몽블랑(4810m)은 우리말로 치면 백두산 정도가 됩니다. 어디서 보든 하얀 왕관을 뽐내고 있는 몽블랑은 알피니스트뿐 아니라 일반 트레커들에게도 많은 사랑을 받고 있습니다.

등반 때문에 알프스와 인연을 맺은 필자는 바위와 빙벽, 눈 덮인 능선을 지나 몽블랑을 숱하게 등정하곤 했습니다. 동서남북 사면에 나 있는 여러 코스를 오르내리며 젊은 시절을 보냈던 겁니다. 늘 그렇지만 알파인 등반은 위험을 동반하기에 긴장의 끈을 놓을 수 없지만, 등반 후에 찾아오는 평온과 만족감이 좋아 또다시 알프스의 벽들을 찾아 나서곤 했던 것 같습니다.

1990년 여름, 학창 시절부터 알프스의 봉우리와 벽들을 찾아다니며 올랐습니다. 앨버트 머메리의 **by fair means**를 가슴에 품고 조금 더 정당하고 조금은 더 모험적이고 조금이라도 더 순수하게 등반하기를 갈망하면서. 매 순간 힘겹지 않은 적이 없었고

발므 언덕에서 쉬는 트레커들.

그런 만큼 성취감은 컸습니다. 야생화들이 지천으로 피어 있는 2000미터 대 고지의 알파인 초원을 거닐면서 만년설산들을 바라보는 감회는 남다릅니다. 봉우리 하나하나에 새겨진 긴장과 극복 그리고 성취의 추억들이 어제 일처럼 떠오를 때, 아름다운 알파인 꽃밭에서는 더 큰 만족과 행복감이 찾아옵니다.

나에게 알프스 산록 트레킹은 **행복의 되새김질** 같은 것일 지도 모르겠습니다. 이제는 하얀 봉우리와 검은 벽들을 향해 불나방처럼 날아들기 보다는 짐 지고 그 봉우리들이 만드는 고개들을 넘나들면서 추억의 전모를 바라보는 일이 더 좋으니 이것이 세월인가 봅니다. 수직만을 찾던 열망이 수평의 세계를 향해 세월 따라, 나이 따라 변해가니 말입니다.

생각이 바뀌니 생활이 바뀌고 알프스를 대하는 자세도 변해 갑니다. 수직의 등반보다 넓은 산군을 주유하는 알프스 트레킹 덕에 삶의 시야도 넓어진 이유 때문입니다. 요즘은 지난 십수 년 간 지내던 몽블랑 자락을 떠나 고향 땅으로 돌아왔습니다. 늘 보던 몽블랑이 팔공산으로 바뀌었을 뿐, 산으로 향하는 몸과 마음은 그대로입니다. 이제는 등반 철에만 알프스를 찾아가는 생활이기에 알프스가 더 그립습니다.
 아직도 만년설산을 오르고픈 열망이야 간절하지만 가보지 않은 알프스의 다른 길들을 걸어보고 싶은 마음도 매년 더 커져 갑니다. 그래서 몇 년 전부터 알프스의 이 고개 저 언덕들을 넘나들면서 숱한 트레킹 코스들을 걸었습니다. 그 걸음의 발자취들을 <알프스 트레킹 시리즈>로 내놓기는 했지만, 맨 처음 나온 몽블랑 산군에 대한 책이 무언가 미진하게 여겨져 이번에 몽블랑 일주만을 따로 엮어 내게 되었습니다.
 이 책에 실린 사진들은 수십 년 전에 필름으로 담은 몽블랑 산군의 모습에서부터 그 후 숱하게 바꾼 디지털 카메라로 찍은 것들입니다. 혹 부족하고 어색하더라도 널리 양해를 바랍니다.
 멀리 떨어져 있으니 더 가고 싶은 곳이 알프스며 몽블랑입니다. 그런 그리움을 이 책을 만지작거리면서 달래고 있습니다. 지

난 사진들을 보며 지도를 따라 몽블랑 일주 코스 곳곳에 드나드는 재미에 빠져 지내다보니 어느덧 한 권의 책이 되었습니다. 물론 기회가 되고 시즌이 오면 언제든 알프스로 달려갈 예정입니다. 알프스는 늘 그 자리 그대로지만 산을 대하는 우리네 인간이 변하고 있습니다. 변하지 않는 산을 대하는 자세와 몫은 스스로에게 있겠지요. 이 책이 몽블랑 산군을 알고 알프스를 제대로 느끼고 즐길 수 있는 길잡이 역할을 톡톡히 하기를 기대합니다.

발므 정상 뒤편에서 본 발므 고개와
발므 산장, 몽블랑 및 주변 봉우리들.

1-몽블랑 일주 개요
(Tour du Mont Blanc)

루트 개요

위치	프랑스 서부와 스위스 남부, 이탈리아 북부.
출발/종착지	우쉬(Les Houches)
총 거리	170km
소요일	12일
최고 고도	2665m
숙박	산장 및 호텔, 캠핑
난이도	보통

 프랑스와 스위스, 이탈리아에 걸쳐 있는 몽블랑 산군 외곽 지대의 2000미터 고지를 한 바퀴 도는 몽블랑 일주(TMB)는 알프스의 대표적인 트레킹 코스라 많은 이들이 찾는다. 하지만 각 전망대나 이름난 알파인 호수 또는 산장까지만 즐기는 이들도 많다. 유명 트레킹 코스이긴 하지만 많은 인파로 붐비는 경우는 아니라 어느 구간에서든 한적하게 트레킹을 즐길 수 있다. 처음 이틀 구간은 몽블랑 산군의 서쪽 지역을 나란히 걷지만 그 후 본옴므 고개에서 방향을 틀어 세이뉴 고개를 넘으면 프랑스에서 이탈리아로 들어서게 된다. 몽블랑 및 그랑드 조라스 남벽의 웅장함을 지켜보는 두 계곡(발 베니와 발 페레)을 가로질러 그랑 페레 고개를 넘으면 스위스 땅이다. 한동안 라 풀리 계곡을 따라 북쪽으로 걷다가

인공호수 옆에 자리한 샹뻭스에서 서쪽 방향으로 이어지는 아르페뜨 고개(Fenêtre d'Arpette)를 넘고 발므 고개에 오르면 다시 프랑스 땅에 들어서는데, 이탈리아에서 본 것과는 다른 몽블랑 산군의 파노라마가 한눈에 들어온다. 마지막으로 에귀 루즈 산군을 횡단하면서 플레제르와 브레방을 지나면서 몽블랑 산군의 침봉과 최고봉을 가슴에 안고 걷게 된다. 아르페뜨 고개 오르는 길을 제외하고 길은 전체적으로 험하지 않아 캠핑을 하면서 트레킹을 해도 어렵지 않을 것이다. 시간 여유가 없으면 몇몇 구간을 끊어 걸어도 좋다. 이 책에서는 12구간으로 나누었지만 한 구간이 하루 일정은 아니며 대체로 마을에서 마을까지, 계곡에서 계곡까지로 나누었다. 트레커는 그때그때 형편에 맞게 잠자리를 택할 수 있으며 변형 코스들도 있다. 전 구간을 완주하려면 12일 정도 걸린다. 시간이 넉넉하면 일정을 더 길게 잡고 여유 있게 트레킹을 할 수도 있다. 시간 여유가 없으면 몇몇 구간을 끊어 걸어도 좋은데, 케이블카나 버스, 택시 등을 이용해 5~6일 만에 완주할 수도 있다.

몽블랑 산군 외곽 지역을 한 바퀴 도는 일주 코스는 알프스에서 가장 아름답고도 멋진 파노라마를 지켜볼 수 있는 트레킹 코스 중 하나일 것이다. 2000미터가 넘는 고개들을 넘으며 약 170km 거리를 한 바퀴 도는데 12일 정도 걸린다. 대부분의 트레커들은 산장을 이용하는데, 숙박 및 저녁/아침식사가 포함된 산장 이용료는 1일 약 50유로 내외, 50~70 스위스 프랑 정도다. 인원이 많을 경우 예약 후 찾아야 한다. 캠핑도 가능하지만 무거운 짐을 지고 고개를 오르내릴 수 있는 체력이 필요하다. 도중에 만나는 산장에서 점심도 가능하며 이삼일 거리마다 만나는 큰 산간마을에서 식료품을 구입할 수 있다. 출발지는 교통이 편리한 우쉬 또는 샤모니에서 시작해 끝내는 편이 좋다. 필자는 시계방향으로 도는 일주가 좋았지만 반대 방향으로도 돌아볼 만하다.

애귀 디 브레방-우쉬 언덕

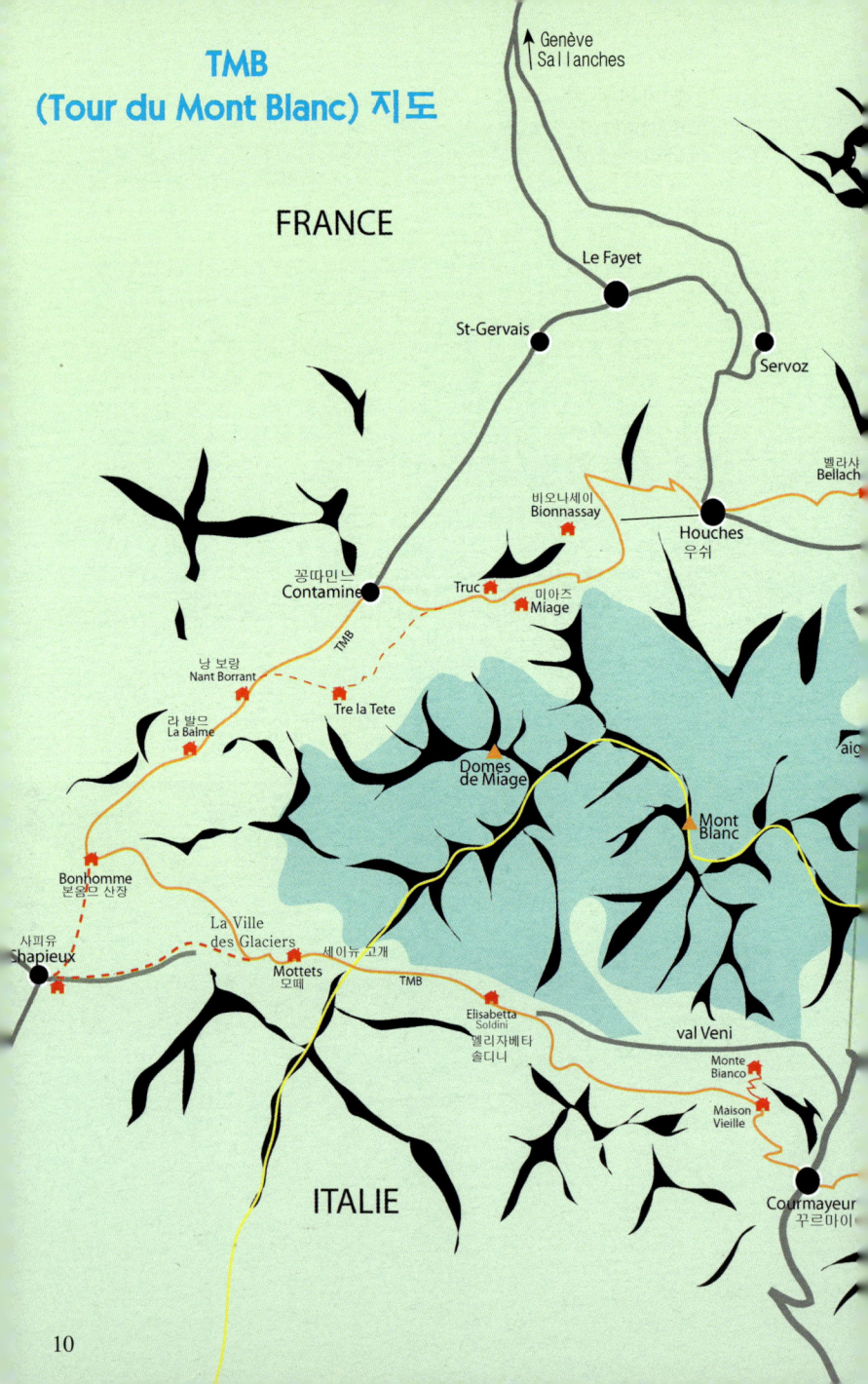

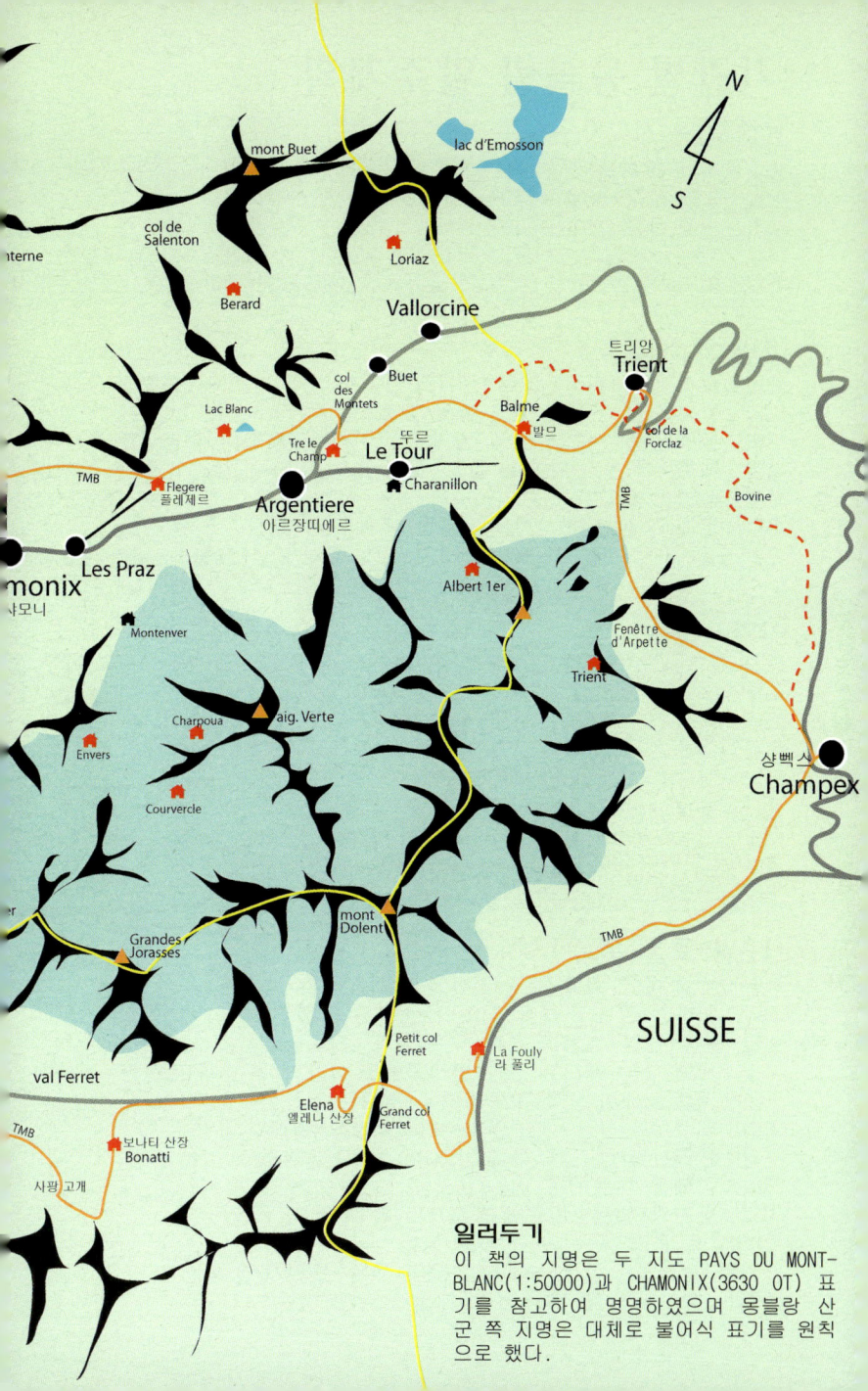

기간별 몽블랑 일주계획

5일 코스
1일 : 우쉬-(케이블카)-벨뷰-트리코 고개-미아즈-꽁따민느-발므 산장
2일 : 발므 산장-본옴므 고개-푸르 고개-모떼 산장
3일 : 모떼 산장-세이뉴 고개-발 베니-(버스)-꾸르마이예-베르토네 산장
4일 : 베르토네 산장-보나티 산장-그랑 페레 고개-라 풀리-(버스)-샹뻭스
5일 : 샹뻭스-(버스)-마르티니-(버스)-트리앙-발므 고개-뚜르-(버스)-우쉬

7일 코스
1일 : 우쉬-(케이블카)-벨뷰-트리코 고개-미아즈-꽁따민느-발므 산장
2일 : 발므 산장-본옴므 고개-푸르 고개-모떼 산장
3일 : 모떼 산장-세이뉴 고개-발 베니-(버스)-꾸르마이예-베르토네 산장
4일 : 베르토네 산장-보나티 산장-그랑 페레 고개-라 풀리-(버스)-샹뻭스
5일 : 샹뻭스-(버스)-마르티니-(버스)-트리앙-발므 고개-뚜르-트레 러 샹
6일 : 트레 러 샹-몽떼 고개-락 블랑-플레제르 산장
7일 : 플레제르 산장-브레방-벨라샤 고개-우쉬 언덕-메를레-우쉬

9일 코스
1일 : 우쉬-보자 고개-트리코 고개-미아즈
2일 : 미아즈-트리끄 산장-꽁따민느-발므 산장
3일 : 발므 산장-본옴므 고개-푸르 고개-모떼 산장
4일 : 모떼 산장-세이뉴 고개-엘리자베타 산장-메종 비예이 산장
5일 : 메종 비예이 산장-(케이블카)-꾸르마이예-베르토네-보나티 산장
6일 : 보나티 산장-그랑 페레 고개-라 풀리-(버스)-마르티니-(버스)-트리앙
7일 : 트리앙-발므 고개-에귀 포제트-트레 러 샹
8일 : 트레 러 샹-몽떼 고개-락 블랑-플레제르 산장
9일 : 플레제르 산장-브레방-우쉬 언덕-메를레-우쉬

12일 코스(완주)
1일 : 우쉬-보자 고개-트리코 고개-미아즈
2일 : 미아즈-트리끄 산장-꽁따민느-발므 산장
3일 : 발므 산장-본옴므 고개-푸르 고개-모떼 산장
4일 : 모떼 산장-세이뉴 고개-엘리자베타 산장-메종 비예이 산장
5일 : 메종 비예이 산장-꾸르마이예-베르토네 산장
6일 : 베르토네 산장-삭스 언덕-보나티 산장-엘레나 산장
7일 : 엘레나 산장-그랑 페레 고개-라 풀리-샹뻭스
8일 : 샹뻭스-아르페뜨 고개-트리앙
9일 : 트리앙-발므 고개-에귀 포제트-트레 러 샹
10일 : 트레 러 샹-몽떼 고개-락 블랑-플레제르 산장
11일 : 플레제르 산장-브레방-브레방 호수-벨라샤 산장
12일 : 벨라샤 산장-우쉬 언덕-메를레-우쉬

2-걷기에 앞서

 필자는 1990년대 후반부터 몽블랑 일주를 하는 등 알프스 산행경험이 많지만 이 트레킹 안내서는 단편적으로 경험한 내용과 사진으로 엮였기에 몽블랑 일주 트레킹 코스 각각에 대한 상세한 설명이 부족할 수 있다. 일부 정보들은 바뀔 수 있으니 보다 최신의 정보를 가진 트레커들의 실제 체험기 등을 참고하면 더 도움이 될 것 같다. 이 책은 독자들이 보다 험하고 새로운 트레킹 준비를 위한 도구일 뿐 실제 트레킹에서는 자신의 의지와 경험, 지식과 판단으로 어려움을 헤쳐 나가야 할 것이다. 실제로 오랫동안 알프스의 봉우리들을 오르내린 필자도 많은 짐을 지고 넘은 고갯마루들은 힘겨웠으며 아르페뜨 고갯길 같은 몇몇 구간에서는 길 찾기에 애를 먹었다. 주변의 지형지물을 살피면서 긴장의 끈을 늘 놓지 않고 걸어야 길을 잃어버리지 않을 것이다.
 이 책에 서술한 일주 코스의 각 구간들은 편의상 나누었을 뿐이며 자신의 체력이나 능력에 따라 (앞 페이지의 기간별 일주 계획을 참고하여) 조정할 필요가 있다. 필자는 산장에서 숙박을 해결하면서 걸어본 적도 있고 산악자전거로 몽블랑 일주를 하기도 했으며 캠핑을 하면서 일주하기도 했다. 산장 대신 캠핑을 하면서 일주를 할 경우 시간이 더 걸리고 텐트를 비롯하여 많은 짐을 지고 고개들을 오르내릴 강인한 체력을 길러야 한다. 산장을 이용하려면 본문에 기술한 내용대로 산장에서 산장으로 이동하면 무난할 것이다. 단체가 아니면 산장 예약에 어려움이 많지 않을 테니 그날그날의 체력이나 날씨에 따라 그날 묵을 산장을 정해도 된다.
 이 책에 표기된 산행 시간과 트레킹 중 만나는 이정표에 적혀있는 산행 시간은 차이가 나는 경우가 많다. 이정표의 시간은 터무니없게 잘못 표시된 경우도 있는데, 대개 일반적인 산행시간보다 짧게 표시되어 있다. 쉬거나 사진을 찍는 시간 등을 감안하여 여유 있게 계획을 세워야 한다.
 트레킹 코스 곳곳의 큰 산악마을에 위치한 관광안내소에 문의하면 많은 도움이 될 것이다. 몽블랑 일주(TMB)의 경우 우쉬, 꽁따민느, 사피유, 꾸르마이예 그리고 샤뻭스 같은 산악마을에 있는 관광안내소에서 트레킹 정보를 친절하게 제공하고 있다.

트레킹 시기
 몽블랑 일주는 2000미터 이상의 고갯마루를 넘어야 하기에 트레킹은 대개 6월 말부터 9월 중순이 좋다. 시즌 초반인 6월이나 7월 초순까지는 높은 고개나 북측 사면에 눈이 남아 있어 이에 대비해야 한다. 7월 중순부터 8월 말까지 휴가객들이 많이 몰리는 시기에 산장이나 호텔을 이용하는 경우는 예약을 하는 게 바람직하다. 대부분의 산장은 6월 중순에 문을 열기 때문에 이를 고려하여 계획을 세워야 한다.

 초여름에는 알파인 언덕에 야생화들이 개화하는 장관이 펼쳐지고 한여름에는 만발한 꽃들뿐 아니라 휴가객들도 많이 만나게 된다. 알파인 지대의 가을이 시작되는 8월 말부터는 2000미터 이상 고개에 신설이 내리기도 하지만 아름다운 가을 분위기를 만끽할 수 있다. 간혹 9월 중순에 한동안 안정된 날씨가 지속되기도 해 한적한 트레킹을 즐길 수도 있다.

교통

 몽블랑 산군에서 가장 가까운 공항은 스위스의 제네바(Geneva) 공항이다. 국제공항이지만 한국에서 가는 직항노선이 없어 유럽 주요 도시에서 환승하는 티켓을 끊어야 한다.
 몽블랑 일주 트레킹을 위해서는 일주의 출발지인 우쉬나 바로 윗마을 샤모니가 가장 편리한 교통도시인데, 제네바 공항에서 열차나 버스, 승합차로 이동하면 편리하다. 승합차로 한 시간 걸린다. 취리히나 파리 등에서는 열차로 샤모니까지 이동할 수 있는데, 대여섯 시간은 걸리고 번거롭다. 몇몇 승합차 회사들이 제네바 공항과 샤모니(우쉬) 간 픽업서비스를 하고 있어 사전 예약 후 이용할 수 있다. www.chamonix.com / www.leshouches.com
 한편 몽블랑 산군 남쪽에서도 일주를 시작할 수 있는데, 이탈리아의 밀라노에서는 아오스타를 거쳐 꾸르마이예로 이동하여 트레킹을 시작하면 된다. 물론 꾸르마이예에서 버스로 반 시간이면 몽블랑 터널을 경유해 샤모니(우쉬)로 갈 수 있다.

숙박

 여름 시즌에는 호텔에서부터 여행자 숙소(지트, 도미토리), 산장 및 캠핑장에 이르기까지 다양한 숙소를 이용할 수 있다. 연락처는 <5-각종 연락처>를 참고하기 바란다. 호텔이나 산장 등을 이용할 경우 트레킹할 때 먹을 간식이나 점심 등은 전날 저녁에 미리 주문해두면 출발 전에 받을 수 있다. 산행 중 만나는 산장에서 점심을 먹을 순 있지만 저녁때까지 산장이 없는 구간도 있으니 식량(행동식 등)을 충분하게 준비하는 게 좋다.
 우쉬나 꽁따민느, 꾸르마이예, 라 풀리, 샹뻬스 같은 산악마을에는 여러 등급의 호텔이 있으며 캠핑장도 이용힐 수 있다. 일주 트레킹 중 캠핑은 마을 수변이나 도로변 등 저지대에서는 피하는 게 좋으며, 돌사태가 있을 만한 지대나 양이나 소들을 방목하는 장소도 피해야 한다. 사정이 여의치 않으면 산장 앞 풀밭에 텐트를 쳐도 산장지기의 인심에 따라 환대를 받는 경우도 있다. (224페이지 <캠핑하기 좋은 장소> 참고)
 산장에 따라 조금씩 차이는 있지만 저녁 식사 및 아침 식사뿐 아니라 따뜻한 샤워도 가능한 곳이 있다. 술과 음료수도 구입할 수 있다. 대개 6월 중순부터 9월 중순까지 산장 문을 연다. 산장 숙박료는 석식 및 조식을 포함하여 프랑스와 이탈리아에서는 50유로(EURO) 내외며 스위스에서는 50~70스위스 프랑(CHF) 내외이다. http://www.walkingthetmb.com/accommodation/TMBAccomodation4.pdf에 접속해 보다 상세한 정보를 확인해 보면 된다. 이메일과 전화를 병행해 예약 후 확인까지 하면 보다 확실하게 잠자리를 정할 수 있다. 트레킹할 때 생기는 쓰레기는 (산장에는 쓰레기통이 없기에) 지니고 하산하여 산악마을에서 버려야 한다.

시차

알프스 쪽 나라와 한국과의 시차는 8시간이지만 보통 3월 말부터 10월 말까지 서머타임을 시행하므로 여름철에는 7시간 시차가 있다. 알프스에서 아침 7시면 한국은 오후 2시이다.

언어

이 책에 소개된 몽블랑 일주 트레킹 코스는 프랑스와 이탈리아, 스위스의 국경들을 넘나들기에 각 나라말들이 다르게 사용되지만 영어만 사용해도 큰 불편이 없다. 간혹 알프스 산골에서 영어가 통하지 않을 수 있지만 지도 등을 펼쳐 보이면 길을 잃을 염려는 없다. 만국 공통어인 몸짓손짓은 어떤 경우에도 통하니 언제든 현지인에게 도움을 요청할 수 있다.

화폐

일주 중 브레방 같은 케이블카 전망대의 레스토랑이나 일부 산장에서는 카드도 사용 가능하지만 유로(EURO)화나 스위스 프랑(CHF)을 현금으로 지니고 다니는 게 편리하다. 산골의 레스토랑이나 카페, 산장에서는 현금 사용이 일반적이다. 우쉬, 꽁따민느, 꾸르마이예, 라 풀리, 샹뻭스 등에 현금 지급기(ATM)가 있다.

장보기

품목에 따라 차이는 있지만 슈퍼마켓에서의 식료품 가격은 한국에 비해 그리 비싼 편은 아니다. 몇몇 품목들(유제품과 농산물 등)은 품질도 좋고 가격도 저렴하다. 우쉬나 꽁따민느, 꾸르마이예 시내에 큰 슈퍼마켓과 소형 점포가 여럿 있으며 가격에 큰 차이가 없다. 보통 아침 8시부터 저녁 7시 반까지 문을 연다. 액세서리나 생활용품 또한 슈퍼마켓에서 구입할 수 있다.

빵집은 시내 곳곳에 있는데, 아침 7시에 문을 연다. 빵집에서 샌드위치 등 점심을 준비해 당일산행에 이용해도 좋다. 세탁을 위해선 큰 마을 몇몇 곳에 위치한 무인 유료 세탁소를 이용하면 된다. 건조까지 할 수 있다. 큰 마을에선 요일이 맞으면 장이 서는데, 알프스 산록에서 나는 신선한 치즈와 야채, 고기뿐 아니라 골동품이나 일용품 등도 구매할 수 있다. 장터에서 간단히 장을 봐 그날 점심을 해결하면 좋다.

트레킹의 어려움

몽블랑 일주(TMB)는 마터호른이나 몬떼 로자 일주처럼 빙하 지대를 통과하지는 않지만 이른 시즌인 7월 초순까지 높은 고개의 북사면에 눈이 남아 있을 수 있다. 가파른 알파인 고개들을 넘고 좁은 산허리길을 지나게 된다. 특히 푸르 고개나 아르페드 고개를 오르내릴 때 주의해야 한다. 일반적으로 모든 코스에 이정표가 있으며 다리와 철 계단, 쇠사슬 등이 잘 설치되어 있다. 하지만 간혹 낙석이나 눈사태 등으로 길이 유실되는 경우가 있으며 심지어 다리가 끊겨 있을 수도 있다. 사전에 이런 상황을 확인할 필요가 있는데, 반대편에서 오는 트레커에게 물어보거나 산장에서 알아볼 필요가 있다. 비나 눈이 내릴 경우에는 길이 미끄럽거나 낙석의 위험이 커 주의해야 하며, 악천후에 대비한 방한의류 등 철저한 준비가 필요하다. 모레인 돌밭이나 눈밭을 반나절은 걸을 수 있을 정도로 발목이 충분히 긴 등산화를 신는 것이 좋다.

응급 구조

경찰비상전화 : 112(프랑스) / 118(이탈리아) / 144(스위스)
산악경찰 헬리콥터 구조대 : (절대적인 응급상황시에만!)
프랑스(04 50 53 16 89), 이탈리아(01 65 84 22 25), 스위스(144)

산에는 여러 종류의 객관적인 위험요소들이 있는데, 몽블랑 산군도 예외는 아니다. 트레킹이 위험한 산악활동은 아니지만 (심지어 위험한 알파인 벽등반보다 더) 매년 사고 건수가 많다. 등반보다 트레킹을 즐기는 인구가 더 많기 때문이다. 여름 시즌의 알프스 2~3000미터 고지는 (특별한 경우가 아닌 한 악천후가 발생하지 않아) 누구나 지내기 좋은 산악 환경이다. 응급 상황 외에는 장비를 잘 갖추고 체력을 충분히 기르면 보다 멋진 트레킹을 즐길 수 있다. 우쉬나 꽁따민느, 꾸르마이예, 샹뻭스 같은 마을 외에는 병원이나 약국이 없으니 비상약 등도 준비할 필요가 있다.

일반적으로 알프스 산골에서 휴대 전화 통화가 가능하지만 일부 지역에서는 안될 수 있다. 구조 요청을 위해서라도 휴대 전화는 필요하며 정확한 위치와 전화번호를 구조대에 알려주어 신속한 구조가 이루어질 수 있도록 한다. 특히 스위스에서는 구조비용이 만만치 않으니 꼭 필요한 경우에만 구조 요청을 해야 한다. 스위스에서는 무료구조 및 무료치료는 기대할 수 없기에 적절한 보험을 들고 관련서류도 지참하는 게 좋다.

국제전화코드 : 0033(프랑스), 0039(이탈리아), 0041(스위스)

트레킹 장비

 2000미터 고지 알파인 트레킹에 필요한 일반적인 장비가 필요하지만, 눈 덮인 고개를 넘어야 하는 경우에도 대비해야 한다. 몽블랑 일주의 경우 아이젠이나 피켈, 로프 등은 필요하지 않지만 6월 말이나 7월 초, 혹은 눈이 많을 경우 높은 고개의 가파른 지대에서 혹 필요할 수도 있다.

의류 : 트레킹을 하다보면 시기나 높이에 따라 아주 덥거나 몹시 추운 경우가 있다. 2000미터 고지의 한낮 평균기온은 10~15도 정도지만 비나 눈이 내릴 경우 기온이 급강하해 한여름에도 1500미터 지대까지 눈이 내리기도 한다. 거기에 바람까지 불면 훨씬 더 춥기에 방풍의류가 필수적이다. 반팔 티에서부터 두꺼운 파일 재킷까지 배낭 무게에 맞춰 적정량(나의 경우 반팔 티 두 개, 파일 재킷 하나, 방풍방수 의류 하나, 여분의 속옷 한 벌)을 준비해야 한다.
배낭 : 산장을 이용하면 그다지 클 필요가 없지만 야영을 위해선 모든 짐을 넣을 만큼 충분히 커야 한다. 비에 대비해 배낭 커버는 필수적이다.
등산화 : 장거리 산행에는 발목이 길고 바닥이 휘지 않는 등산화가 좋다.

 기타 워킹용 스틱, 얇은 장갑, 양말 두어 켤레, 방한모, 챙 모자 등이 필요하다. 아울러 가벼운 식기류와 가스버너 등도 준비하면 (모든 식사를 산장에서 해결하더라도) 트레킹을 하면서 간혹 요긴하게 쓸 수 있다. 스크루 형식의 등산용 가스는 대개 큰 산악마을에서 구입 가능하다. 알프스 고지대에선 태양 광선이 강하기에 챙 모자와 선글라스, 선크림 등도 필요하다. 카메라와 수첩 등도 준비하면 보다 멋진 추억거리를 남길 수 있다.

입산규정 및 입산료

 알프스 전역을 트레킹 하는 데 있어 특별히 입산을 규제하는 경우는 없다. 몇몇 산군이 국립공원으로 지정되어

있어 국립공원 사무실은 있지만 입산을 통제하는 경우는 없으며 입산료 또한 부과하지 않는다. 더구나 몽블랑 산군은 국립공원 구역이 아니다. 산을 사랑하는 누구든 자연을 보호하는 의무만은 스스로 지켜야 한다.

몽블랑 산군의 동식물들

몽블랑 일주 트레킹은 계곡 바닥에 위치한 우쉬, 꽁따민느, 꾸르마이예 같은 산간마을에서부터 높은 고갯마루(꼴 데 푸르와 아르페뜨 고개, 2665m)까지 오르는데, 각 고도별로 다양한 야생화들이 핀다. 많은 꽃들이 자연보호법으로 보호를 받고 있는데, 트레킹 중에 만나는 꽃의 개화는 시기에 따라 달라진다. 알파인 지대에서는 6월 말부터 9월 말까지 다양한 꽃들이 피고 진다. 초여름에는 마을 주변의 저지대에서 꽃들이 만개하기 시작해 2000미터 고지까지 이어진다. 하지만 그보다 높은 곳에서는 그제야 겨울눈이 녹기 시작하기에 꽃이 피지는 않는다.

한여름이 되면서 저지대 풀밭에서는 풀을 베어 건초 만들기가 한창이지만 2000미터 이상에서는 꽃들이 피기 시작한다. 알프스의 장미 알펜로제가 이때 한창인데, 철쭉을 닮은 꽃들이 1500~2500미터 사면을 수놓는다. 이런 진홍색 꽃밭은 트레킹 내내 즐거움을 더해준다. 저지대에서 보던 꽃들을 고지대에서도 보게 되는데, 크기는 보통 더 작지만 색깔과 향이 진하다. 2500~3000미터 고지에서는 진정한 알파인 종들을 만나게 되는데, 바위 사이에 아주 작게 자라고 있다. 이 꽃들은 눈이 내리기 전까지 약 6주 정도만 피었다 진다. 그러므로 에너지를 저장하기 위해 크기가 아주 작고, 곤충들의 이목을 끌기 위해 색상 또한 화려하다. 알파인 지대의 고개들을 넘으며 지켜보는 이런 꽃들의 아름다움도 알프스 트레킹이 주는 기쁨 중 하나다. 한편 2000미터 내외의 알파인 지대를 걸으며 맛볼 수 있는 산딸기와 블루베리도 트레킹을 즐겁게 한다.

또한 고도에 따라 바뀌는 다양한 종류의 나무들을 관찰하는 일도 흥미롭다. 알프스에는 주로 전나무와 소나무로 이루어진 침엽수림이 많다. 이런 숲들은 낙엽 침엽수들이 많아 봄이면 연한 녹색으로 돋아나 가을에 황금빛으로 물든 후 떨어진다. 몽떼 고개, 우쉬 언덕 아래, 꽁따민느 계

곡 그리고 아르페드 계곡 등의 원시림 지대는 알프스다운 자연미를 그대로 간직하고 있다.

알파인 지대를 걷는 또 다른 즐거움 중 하나는 야생동물을 만나는 일이다. 알프스에는 수많은 종류의 동물과 새들이 있는데, 트레킹을 하다 보면 종종 만나게 된다. 샤모아(산양), 부크텡(야생 염소), 그리고 마못은 자주 볼 수 있지만 많은 동물들이 계곡과 알파인 초원, 모레인 지대에서 살고 있다. 숲에는 여러 종류의 사슴이 있는데, 일반적으로 이른 아침이나 황혼녘에 보인다. 약 1500미터 아래에 서식하는 멧돼지는 가끔씩 트레킹 길옆 흙을 마구 파헤쳐 놓기도 한다.

알프스 트레킹을 하다보면 여러 야생동물을 만나게 될 것이다. 분명 그들이 먼저 알아차리겠지만 너무 소리쳐서는 안 된다. 풀밭 바위지대는 산토끼들이 사는데, 겁이 많고 호기심도 있어 바위 주변을 잽싸게 서성인다. 한편 드물긴 하지만 살쾡이도 있고, 지금은 없는데 예전에는 곰도 있었다고 한다. 늑대나 여우 등도 있지만 좀체 만날 수 없을 것이다. 하지만 토끼나 마못이 천적에 당한 잔혹한 잔해는 필자가 몇 번 목격한 바가 있다. 산양 등 야생동물을 대하면 반갑다. 사진을 찍어 그 순간을 기록하는 건 좋은데, 그들을 놀라게 하지는 말아야 한다. 막무가내로 피사체에게 다가가거나 소리쳐 멀리 도망가게 해서는 안 된다. 고배율의 망원렌즈를 준비하거나 자신의 눈에 담는 걸로 만족하자.

산장 예절

산장에 도착하면 트레킹 때 신은 신발은 털어서 입구 바로 안쪽에 있는 선반에 두고 산장 실내화로 갈아 신는다. 이어 산장지기에게 예약한 이름을 밝히고 침상을 배정 받는다. 대개 산장에서 제공하는 저녁 및 아침 식사는 이미 정해져 있는 경우가 많다. 드물게 메뉴를 정해야 하는 경우도 있으니 특별히 원하는 음식이 있으면 미리 말해둬야 한다. 산장 이용료는 보통 저녁식사 후에 현금으로 지불한다.

담요와 베개는 산장에 구비되어 있지만 위생을 위해 침낭 내피 정도는 지니고 다니면 좋다. 산장에 따라 새벽 일찍 출발하는 알피니스트들 때문에 간혹 잠을 설치는 경우도 있다. 저녁 일찍 잠자리에 드는 그들의 잠을 방해하지 않도록 한다. 일반적으로 저녁 10시가 소등 시간이기에 그 전에 잠자리에 들어야 다음날 트레킹을 위한 휴식을 충분히 취할 수 있을 것이다. 단체로 산장을 이용할 경우에는 다른 이용자들의 휴식을 방해하지 않도록 목소리를 낮추는 등 예의를 지킨다.

알므 고개 산장

포제트 고개의
민들레 꽃밭.

꽁따민느에 있는
몽블랑 일주 안내
도. 시계반대방향
으로 많이 돈다.

1 구간   우쉬 - 미아즈 산장

Les Houches(1007m) – Col de Voza(1653m) : 2h(+650m)
Col de Voza – 출렁다리(1600m) : 1h20(+147m/−200m)
출렁다리 – Col du Tricot(2120m) : 1h30(+520m)
Col du Tricot – Miage(1559m) : 1h10(−561m)

총 거리 : 13km / 총 시간 : 6h
상행고도 : 1367m / 하행고도 : 761m

몽블랑 일주의 첫 구간에 걸맞게 만년설산의 웅장함을 지켜보며 한적한 알파인 고갯마루를 넘는다. 멋진 산간마을 꽁따민느에 이르는 두 길이 있는데, 보자 고개(Col de Voza)에서 갈라진다. 비오나세이뿐 아니라 여러 마을을 거치는 길은 평탄하고 짧은데 비하여 트리코 고개(Col du Tricot)를 넘는 길은 조금 더 멀고 험하지만 훨씬 더 극적인 알파인 풍경을 접할 수 있다. 보자 고개에서 미아즈에 이르는 동안 휴게소나 움막 하나 없기에 날씨가 나쁜 상황에서는 트리코 고개를 넘는 대신 비오나세이를 거쳐 꽁따민느로 갈 수도 있다.

  몽블랑 일주의 출발지인 우쉬는 샤모니 못지않게 큰 마을로서 마을이 길게 형성되어 있다. 기차역(980m)에서 아르브 강과 도로 위를 가로지르는 다리를 건너 10분 걸으면 마을 중심에 이르며 관광정보센터와 교회가 있는데, 여기서 산행 시작점인 러 푸이이(Le Fouilly, 1010m)까지 도로를 따라 10분 더 걸어야 한다. 벨뷰 케이블카 역을 지나고 얼마 걷지 않아 터널을 지나면 러 푸이이인데, 이정표가 도롯가에 있다. 민가 옆을 끼고 곧장 오르막을 오르면 보자 고개까지 오르는 길표시가 곳곳에 잘 되어 있다.
  보자 고개에서 산악열차 선로 옆길을 따라 벨뷰까지 가 기차역 뒤편 아래로 산허리길을 따라가면 비오나세이 빙하를 가로지르는 출렁다리가 나타난다. 이후 오르막을 한 시간 반 오르면 트리코 고갯마루에 올라선다. 앞뒤로 시원하게 펼쳐진 풍경을 뒤로 하고 미아즈로 한 시간 이상 하산한다. 미아즈 빙하가 인접한 미아즈에는 오래된 목장을 개조한 산장이 있고 주변에 몇몇 알파인 별장(알빠즈)들도 있어 알파인 풀밭의 목가적인 삶을 엿볼 수 있다. 한편 출발 전에 일기예보를 확인하고 악천후인 경우에는 트리코 고개를 넘는 대신 비오나세이를 경유해 곧바로 꽁따민느로 갈 수도 있다. 미아즈 산장에 자리가 없으면 30분 거리에 있는 트리끄 산장에 묵어도 좋다. 미아즈 마을 외곽 개울가 풀밭에 좋은 캠프지가 있다.

우쉬(Les Houches, www.leshouches.com)
Chalet-Refuge Michel Fagot(1007m) : tel. 04 50 54 42 28(info@gite-fagot.com) / 크레 여관(Auberge Le Crêt, 1100m) : tel. 04 50 55 52 27(aubergelecret@wanadoo.fr) / Gîte du Vieux Manoir : tel. 04 50 54 46 33

미아즈 산장(Refuge de Miage, 1559m) : tel. 04 50 93 22 91
트리끄 산장(Refuge de Truc, 1720m) : tel. 04 50 93 12 48

1 구간

비오나세이 경유시

Chalet-Refuge du Fioux(1520m) : tel. 04 50 93 52 43
Gîte de Bionnassay(1320m) : tel. 04 50 93 45 23
Gîte du Champel(1201m) : tel. 04 50 47 77 55(gite@champel.fr)

Les Contamines(1167m, www.lescontamines.com)
Refuge de la CAF : tel. 04 50 47 00 88 / Chalet Bonaventure : tel. 04 50 47 23 53 / Hotel Christiana : tel. 04 50 47 02 72

샤모니 아랫마을 레 우쉬(Les Houches)는 몽블랑 일주(TMB)의 출발지로 편하다. 제네바에서 교통편(버스, 승합차, 열차 등)이 좋으며 대형 슈퍼마켓과 각종 숙박업소들이 있다.

산행 출발지는 러 푸이이(Le Fouill 1010m)인데, 샤모니에서 시내버스를 [타]고 버스 종점 한 정류장 전에 내리면 [된]다. 우쉬 시내 교회에서 도보로 10분, [버]스로 두 정류장 거리에 있다.

처음엔, 우쉬 시내를 뒤로 하고 오르막을 걷는다.

우쉬 시내 교회에서 30분 걸리는 이곳에도 여행자 숙소가 있다.
크레 여관(Auberge Le Crêt, 1100m) : tel. 04 50 55 52 27
(aubergelecret@wanadoo.fr)

바로 아래의 보자 고개(Col de Voza, 1652m)에서 철길 옆을 따라 벨뷰로 올라 비오나세이 빙하 하단을 우측으로 가로지르면 트리코 고개이다. 한편 우쉬에서 곤돌라를 타고 프라리옹에 오르면 보자 고개까지 20분이면 내려올 수 있다. 곤돌라역 가까운 언덕에 전망 좋은 식당과 숙소가 있다. Hotel Le Prarion(1860m) : tel. 04 50 47 40 07(yves@prarion.com)

벨뷰에서 비오나세이 빙하 쪽으로 한동안 산허리길을 돌아간다.

보자 고개에서 20분 거 인 벨뷰 뒤편에 산악열 역이 있다. 역 아래로 길 이어진다.

산허리길을 30분 이상 걸 면 삼거리가 나타난다. 우 으로 돌아 내려가면 출렁다 가 있다.

비오나세이 빙하에서 흘러내리는 급류 위에 출렁다리가 놓여 있다.

트리코 고개를 넘는 코스는 비오나세이 빙하와 주변 봉우리들을 둘러보는 즐거움이 크다. 좌측은 구떼 봉(3863m)이며, 우측은 비오나세이(4052m)이다.

트리코 고개(2120m)에서 내려오는 트레커. 길이 좋은 편이다.

트리코 고개에 올라서면서 샤모니 쪽 계곡을 완전히 벗어난다.

트리코 고개에서 미아즈로 내려가는 영국 트레커들.
남쪽으로 미아즈와 다음날 걸을 구간이 보인다.

고갯마루에서 미아즈는 훤히 내려다보이지만 한 시간은 족히 걸린다.

미아즈 빙하 아래 미아즈 마을은 알파인 풀밭의 목가적 삶을 엿볼 수 있는 곳이다. 오래된 목장을 개조한 산장과 알파인 별장(알빠즈)들 등이 들어서 10년 전에 비해 집들이 훨씬 많아졌다. 트레커들이 묵는 산장은 마을 중앙에 있다. 미아즈 산장(Refuge de Miage, 1559m) : tel. 04 50 93 22 91
마을을 지나 개울가 풀밭에 멋진 캠프지가 있다.

변형루트
꼴 데 보자-꽁따민느

보자 고개(Col de Voza, 1653m)에서 남쪽으로 곧장 내려서 넓은 길을 따라가면 비오나세이 마을로 이어진다.

보자 고개(1653m)

비오나세이 마을 좌측 아래로 돌아가면 비오나세이 빙하에서 흘러내리는 급류 위에 놓인 다리를 건너야 한다.

샹뻴 마을 옆길.

le Champel
(샹뻴 마을)

풀밭 사이로 길이 나 있다.

저 멀리 계곡 위에 꽁따민느가 보인다.

트레스(Tresse) 마을

트레스(Tresse) 마을을 지나 목장지대를 가로질러 꽁따민느에 이르고 있다.

꽁따민느 중심가에 있는 교회. 제법 큰 마을이라 각종 편의시설이 잘 갖춰져 있다.

2 구간 미아즈 산장 - 발므 산장

미아즈(Miage, 1550m) – Truc(1730m) : 30min(+180m)
Truc(1730m) – Les Contamines(1167m) : 1h(-563m)
Les Contamines – Notre Dame de la Gorge(1210m) : 1h(+43m)
N.D de la Gorge – 낭 보랑(Nant Borrant, 1459m) : 40min(+249m)
Nant Borrant(1459m) – Refuge de la Balme(1706m) : 50min(+247m)

거리 : 약 12km / 시간 : 4h
상행고도 : 719m / 하행고도 : 563m

전망이 트이는 트리끄 산장 주변에서 보이는 돔 더 미아즈와 에귀 더 비오나쎄이의 위용이 멋지다. 한편 몽블랑 산군 서쪽 끝자락에 위치한 꽁따민느도 샤모니와 우쉬 못지않게 유양지로 유명해 온갖 편의시설뿐 아니라 스포츠와 레저를 즐길 수 있어 잠시 쉬어갈 만하다. 산행을 좀 더 원한다면 트레 라 떼뜨 산장으로 올라 꽁따민느 주변 계곡을 둘러보고 낭 보랑 산장으로 하산해도 된다. 그리고 유서 깊은 성당 노트르담 더 라 고르쥬에 잠시 들러보고 꽁브 느와르 폭포에서 땀을 식혀도 좋다. 낭 보랑 산장 위 발므 산장 아래까지는 알프스 산간의 목가적 정취가 느껴지는 목장 사이로 길이 나 있다.

 미아즈에서 오르막을 20분 정도 오르면 넓은 풀밭이 나오는데, 잠시 후 트리끄 산장이다. 아늑한 미아즈와 달리 시야가 툭 트인 곳이다. 왔던 길을 돌아보면 돔 더 미아즈와 에귀 더 비오나쎄이가 우뚝 솟아 있다. 이후 남서쪽으로 꽁따민느까지 완만하게 하산길이 이어지는데, 도중에 삼거리가 나타난다. 여기서 왼쪽 길을 따라 산허리를 오르면 트레-라-떼뜨 언덕으로 가게 된다. 트레-라-떼뜨 산장을 거쳐 낭보랑 산장으로 갈 수 있지만 험하고 시간도 많이 걸린다.
 삼거리에서 계속 완만한 길을 내려가면 라 프라쓰(La Frasse, 1263m)의 주차장이 나타나는데, 왼편에 공중화장실과 분수대가 있다. 오랜 농가도 지나 반 시간 더 길을 따르면 꽁따민느 중심가의 교회가 있다. 각종 편의시설이 갖춰져 있는 꽁따민느에서 간식 등 부족한 물품을 구입해야 한다. 이후 꾸르마이예까지 상점이 없기 때문이다.
 마을 중심가를 벗어나 남쪽으로 계곡을 따라 오르면 숲 사이로 각종 스포츠 및 놀이 시설들이 있으며 한 시간 만에 노트르담 더 라 고르쥬 성당이 나온다. 산골의 성당도 둘러보고 뜰에서 종종 전시하는 사진이나 조각을 감상하는 즐거움도 놓칠 수 없다. 이후 길은 조금 가팔라지다가 낭 보랑 산장 위에서 다시 완만해진다. 발므 산장까지 드넓은 길이 펼쳐져 있어 느긋하게 걸을 수 있다.

2 구간

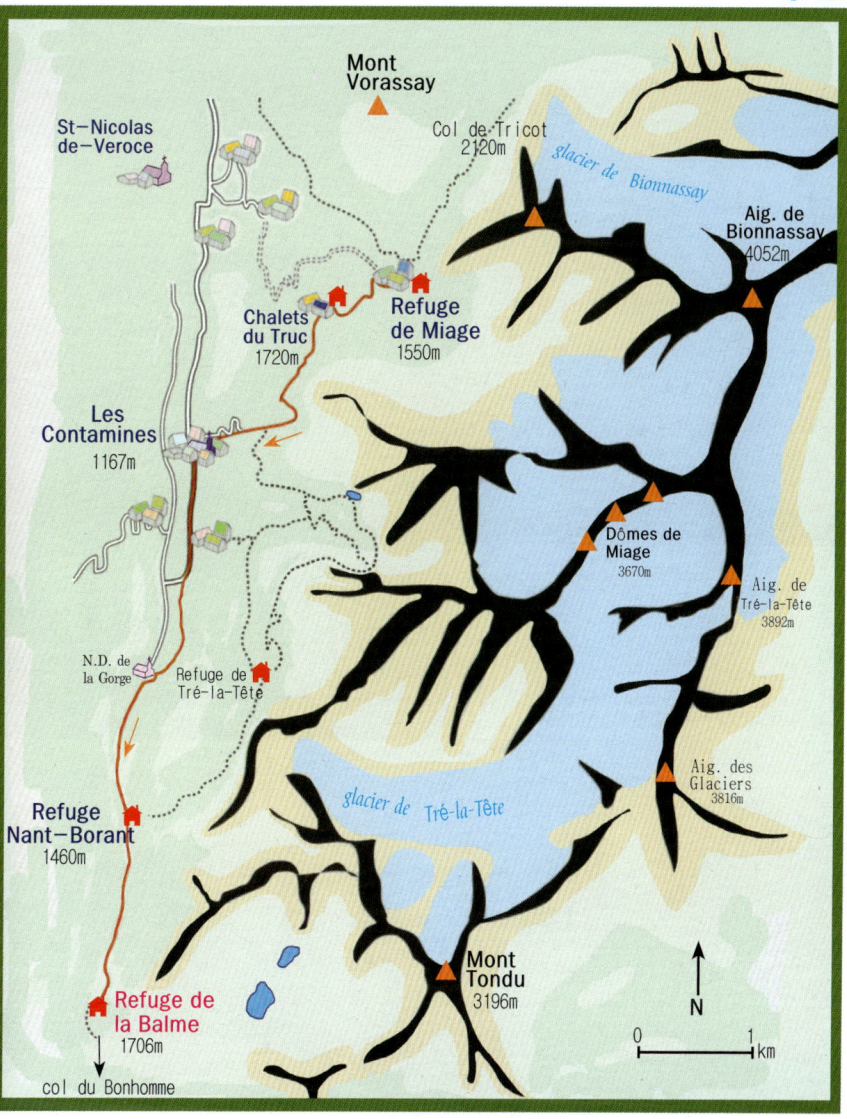

트리끄 산장(Refuge de Truc, 1720m) : tel. 04 50 93 12 48
트레 라 떼뜨 산장(Refuge de Tré-la-Tête, 1970m) : tel. 04 50 47 01 68
낭 보랑 산장(Refuge de Nant-Borrant, 1459m) : tel. 04 50 47 03 57(refugenantborrant@free.fr)
발므 산장(Refuge de la Balme, 1706m) : tel. 04 50 47 03 54 / 17 05

트리코 고개가 보이는 미아즈에서 길은 왼편 오르막으로 이어진다.

트리코 고개

미아즈 산장

미아즈에서 언덕을 20분 오르면 평지가 나오며 뒤로 미아즈 빙하가 펼쳐져 있다. 오른편이 돔 더 미아즈(3670m)이고 왼편은 에귀 더 비오나세이(4052m)다.

아침 햇살에 빛나는 몽 졸리(2525m)를 앞에 두고 야생 라벤다가 피어있는 목장 길을 따라가면 트리고 산장이다.

한동안 쉬어 가고 싶을 만큼 전망이 좋은 트리끄 산장(1720m).
지붕 너머 저 멀리 꺄트르 떼뜨 등 바위봉우리들이 펼쳐져 있다.

트리끄 산장

트리끄 산장에서 남쪽으로 난 길을
따라 내려가면 꽁따민느에 이른다.

꽁따민느(1167m). 몽블랑 산군 서쪽 끝자락에 위치한 꽁따민느도 샤모니와 우쉬 못지않게 휴양지로 유명해 온갖 편의시설뿐 아니라 스포츠 레저를 즐길 수 있는 마을이다. 꾸르마이예까지 이삼일 간 상점이 없기에 여기서 부족한 산행식을 준비하는 게 좋다. www.lescontamines.com

꽁따민느에서 계곡을 따라 한 시간 오르면 개울 건너에 있는 노트르담 더 라 고르쥬. 성당에도 들러볼 만하다.

꽁브 느와르 폭포

노트르담 더 라 고르쥬에서 오르막을 올라 땀이 날 때 즈음, 꽁브 느와르 폭포가 시원하게 반겨준다.

폭포에서 얼마 오르지 않아 낭 보랑 산장이다.

낭 보랑 산장에서 발므 산장 가는 길에서는 알프스의 목가적 정취를 고스란히 느낄 수 있다.

낭 보랑 산장에서 40분이면 발므 산장에 이른다.
목가적 정취가 느껴지는 길을 따라 낭 보랑 산장
으로 내려가는 트레커들 뒤로 저 멀리 트레 라
떼뜨 산장이 있는 언덕에 오후의 햇살이 빛난다.

발므 산장(1706m).
본 옴므 고개를 넘기 전에 몽블랑 일주 트레커들이 많이 이용하는 산장이다. 산장 서쪽 건너편에 무료 캠핑장도 있다.

3 구간   발므 산장 - 모떼 산장

발므 산장(Refuge de la Balme, 1706m) －본옴므 고개(Col du Bon-homme, 2329m) : 2h20

Col du Bonhomme(2329m)－크로와 본옴므 고개(Col de la Croix Bonhomme, 2483m) : 1h

Col de la Croix Bonhomme(2483m)－푸르 고개(Col des Fours, 2665m) : 40min(+186m)

Col des Fours(2665m)－모떼 산장(Refuge des Mottets, 1870m) : 2h(-876m / +81m)

거리 : 약 13km / 시간 : 6h
등행고도 : +1040m / 하행고도 : -876m

첫날 트리코 고개를 넘긴 했지만 몽블랑 일주에 있어 본격적인 2000미터 이상의 알파인 지대를 걷는 구간이라 출발에 앞서 장비나 행동식 등을 한 번 더 확인할 필요가 있다. 특히 시즌 초에는 두 고갯마루 주변에 눈이 많아 길찾기에 어려움이 있을 수 있다. 날씨가 좋지 않거나 눈이 많으면 본옴므 산장에서 몽블랑 일주의 원래 코스인 샤피유로 내려가 차도를 따라 모떼 산장으로 가면 된다. 자그마한 산골 샤피유에도 숙소가 있지만 본옴므 산장에서 만큼 전망이 트이진 않는다. 본옴므 산장 쪽 코스는 두 고개를 넘는 험한 구간이지만 그만한 대가는 경치가 충분히 보상을 한다. 푸르 고개에서 어렵지 않게 푸르 정상(Tête Nord de Fours, 2756m)에 다녀올 수도 있다. 한편 발므 산장에서 반 시간 이상 오르막을 오른 후 만나는 조베 평원(Plan Jovet) 삼거리에서 조베 호수에 다녀와도 좋고 앙클라브(Enclave) 고개(2672m)를 넘어 모떼 산장으로 바로 하산하는 길도 있다.

발므 산장에서 5분도 오르지 않아 산판도로에서 벗어나 왼편 오솔길로 지그재그 돌길을 반 시간 이상 올라가면 개울가 삼거리가 나타난다. 조베 평원인데, 나무다리를 건너 조베 호수로 가는 대신 오른편 길을 따라 한 시간 더 오르면 본옴므 고개 정상이다. 고갯마루에 작은 나무 대피소가 하나 있다. 동쪽으로 이어진 산허리길을 따라 돌길을 한 시간 걸으면 크로와 본옴므 고개다. 고개 남쪽 아래에 본옴므 산장(2440m)이 있어 쉬어 갈 만하다. 날씨가 좋은 날 이 산장에서 맞는 일몰이 좋다.

크로와 본옴므 고개에서 푸르 고개는 산장 반대편 언덕으로 오르는데, 40분 걸린다. 나무라곤 하나 없는 황량한 알파인 돌언덕인데, 고갯마루에 서면 몽블랑 쪽 전망이 훤히 들어온다. 시간이 있으면 푸르 정상에도

3 구간

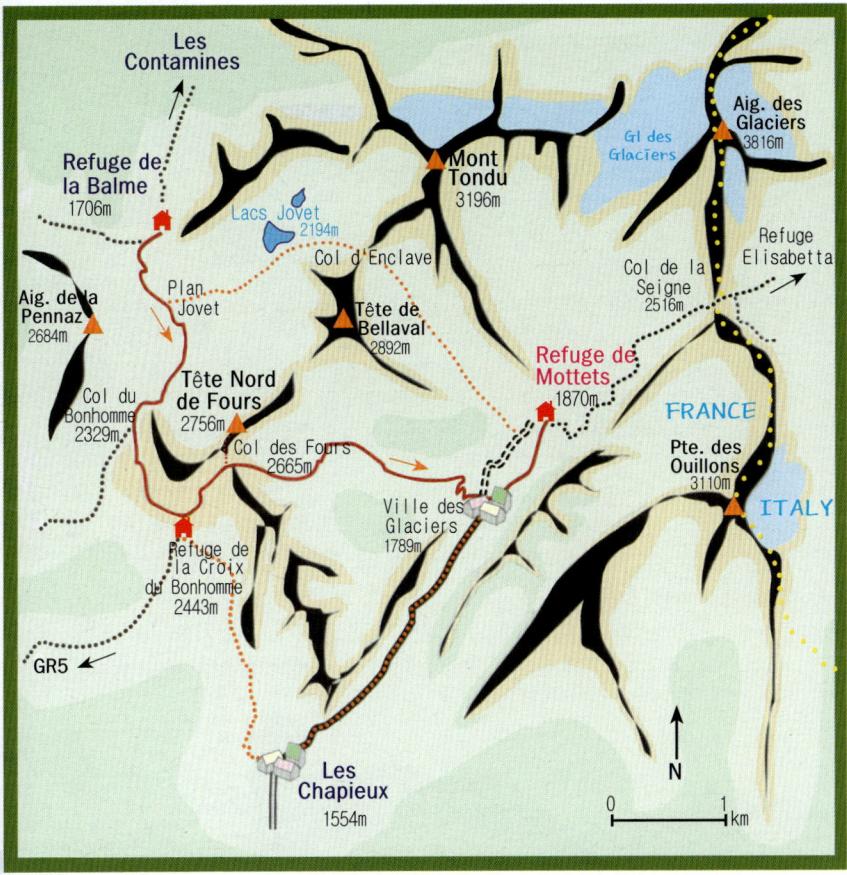

다녀올 만하다. 한 시간이면 된다. 푸르 고개에서 내리막길을 줄곧 걸어 글라시에 마을(Ville des Glaciers, 1789m)에 도착, 이후 평탄한 길을 따라 모떼 산장에 이른다. 시즌 초 푸르 고개 너머 북측 면에 눈이 많을 수 있어 주의를 요한다.

Refuge de la Croix du Bonhomme(2440m) : tel. 04 79 07 05 28(refuge-bonhomme@free.fr)

Les Chapieux(1554m) : 작은 상점과 식당이 있고 안내소 옆에 공중 화장실이 있으며 가까운 풀밭에 캠핑도 가능하다.
Auberge de la Nova : tel. 04 79 89 07 15(info@refugelanova.com)

Refuge des Mottets(1870m) : tel. 04 79 07 01 70(refuge@les-mottets.com)

발므 산장(1706m), 본옴므 고개를 넘기 전에 몽블랑 일주 트레커들이 이용하기 편한 산장이다.

발므 산장에서 반 시간 이상 오르막을 오르면 평탄한 개울가 조베 평원이 나온다. 조베 호수에 다녀오는 것도 좋다. 본옴므 고개는 우측으로 가야 한다.

조베 호수에서 꼴 당끌라브(2672m)를 넘어 모떼 산장으로 가면 시간을 벌 수 있다. 길이 험하다.

발므 산장 위 오르막에서 돌아본 풍경. 저 멀리 샤모니 계곡이 어렴풋이 보이고, 첫날 넘어온 보자 고개와 꼴따미느 마을도 보인다.

몽블랑 일주는 걷기뿐 아니라 산악마라톤, 산악자전거 그리고 승마로도 하고 있다.

본옴므 고개로 오르는 트레커들 뒤로 조베 평원이 펼쳐져 있다.

본옴므 고개에서 내려오는 어린이 트레커.
몽블랑 일주 코스는 남녀노소 누구나 즐기는 곳이다.

산악마라토너가 본옴므 고개에서 발므 산장으로 뛰어 내려가고 있다.
산악자전거나 말을 타고 몽블랑 일주를 하기도 한다.

본옴므 고개 아래 양떼 사이로 오르는 트레커 뒤로 이제껏 지나온 계곡이 보인다.

본옴므 고개 정상에는 비바람을 피할 수 있게 작은 나무 대피소가 하나 있다.

본옴므 고개 대피소에서 본 풍경.
길은 동쪽 산허리를 돌아간다.

본옴므 고개로 하산하는 트레커들.
저 멀리 본옴므 고개와 대피소가 보인다.

크로와 본옴므 고개까지 산허리를 평탄하게 돌아 오른다.

본옴므 고개에서 산허리길을 한 시간 돌아 오르면 크로와 본옴므 고개에 이른다. 크로와 본옴므 고개 정상에 돌탑이 세워져 있다.
몽블랑 산군 남서 끝자락에 와 있는 셈인데, 이제 몽블랑 일주(TMB) 코스는 이곳을 기점으로 방향을 동쪽으로 돌린다.

크로와 본옴므 고개에서 백여 미터 아래에 본옴므 산장이 있다. 산장 옆에 식수가 흐르고 산장 위 풀밭에서 캠핑도 가능하다.

크로와 본옴므 고개에서 구름 아래에 있는 푸르 고개까지는 반 시간 이상 걸린다.

푸르 고개 오름길은 나무라곤 하나 없는 황량한 돌밭이다. 도중에 길표시가 되어 있다.

푸르 고갯마루 돌탑에 놀러온 산양(샤모아).

푸르 고갯마루에서 본 몽블랑 산군.
푸르 정상 언덕(2756m)이 왼편에 있다. 한 시간이면 다녀올 수 있다.

푸르 고개에서 본, 다음날 넘을 세이뉴 고개 쪽 일몰.
에귀 글라시에가 솟아 있고 세이뉴 고개 아래에 모떼 산장이 있다.

변형루트
사피유 경유

사피유 마을에는 작은 상점과 여행자 숙소, 식당이 있으며 캠핑도 가능하다.

본옴므 산장에서 사피유까지 완만한 내리막이다.

본옴므 산장에서 남쪽으로 본 아침풍경.

사피유에서 글라시에 마을까지는 아스팔트 도로길이다. 한 시간 이상 도로를 따라 걷는다.

글라시에 마을 뒤로 저 멀리 에귀 데 글라시에(3816m)가 솟아 있다.

에귀 데 글라시에를 배경으로 아늑한 풀밭에 자리한 모떼 산장.
외관에 비해 실내가 깨끗하고 운치가 있다.

옛 목장을 개조해 만든
산장의 공동 침실

식당 천장에 농기구
골동품이 걸려 있다.

변형루트
꼴 당끌라브 경유

조베 평원 아래 삼거리에서 조베 호수로 오르는 모습들.
우측 위에 앙끌라브 고개(Col d'Enclave, 2672m)가 있다.
삼거리에서 호수까지 45분, 앙끌라브 고개까지 2시간15분 걸린다.

조베 평원을 지나 조베 호수로 오르는 트레커 뒤로 빼나 봉우리가 펼쳐져 있다. 계곡 아래에 발므 산장이 있다.

조베 호수(Lacs Jovet, 2260m)는 아래 위 두 개가 있는데, 맑은 날씨에는 경치가 좋다.

조베 호수 우측 사면에서 시작하는 앙끌라브 고개로 오르는 길은 꽤 가파르다. 뒤편 아래에 두 조베 호수가 보인다.

앙끌라브 고개(Col d'Enclave, 2672m) 정상.
발므 산장에서 3시간 걸린다.

앙끌라브 고개를 넘어 모떼 산장으로 내려오는 계곡길.
상단은 가파르지만 내려올수록 완만하다.

모떼 산장

4구간 모떼 산장 - 메종 비예이 산장

모떼 산장(Les Mottets, 1870m) - 세이뉴 고개(Col de la Seigne, 2516m) : 2h(+646m)
Col de la Seigne(2516m) - 엘리자베타 산장(Refugio Elisabetta, 2195m) : 1h30(-321m)
Refugio Elisabetta(2195m) - 꽁발 호수 삼거리(Lac Combal, 1970m) : 45min(-225m)
Lac Combal(1970m) - Refuge de Maison Vieille(Col de Checroui, 1956m) : 2h45(+405m / -419m)

거리 : 약 20km / 시간 : 7h
등행고도 : +1051m / 하행고도 : -965m

국경인 세이뉴 고개를 넘어 이탈리아 땅을 본격적으로 밟게 된다. 고갯마루에서 바로 보이는 몽블랑과 에귀 느와르의 웅장함이 인상적이다. 특히 아침 햇살을 받은 풍경이 멋지기에 모떼 산장에서 일찍 출발하면 좋다. 하산길은 평탄한 내리막을 따라 엘리자베타 산장을 지나 꽁발 호수까지 이어진다. 꽁발 호수에서 발 베니 계곡 남측 언덕으로 오르막을 반 시간 올라 꾸르마이에 쪽으로 걸으면서 몽블랑 산군의 남쪽 파노라마를 즐길 수 있다. 이 횡단길 도중에 크고 작은 호수들이 있는데, 계곡 건너편에 펼쳐져 있는 침봉들이 수면에 담기는 풍경이 좋다. 몽블랑 일주에서 경치가 빼어난 구간 중 하나다. 한편 메종 비에이 산장에 자리가 없으면 쉐크루이 고개 북측 아래에 있는 몬떼 비앙코 산장을 이용할 수 있다. 그리고 날씨가 나쁘면 꽁발 호수에서 곧장 발 베니 계곡으로 하산할 수 있는데, 한 시간도 걸리지 않는 라 비자이(la Visaille)에서 꾸르마이예행 버스를 탈 수 있다.

모떼 산장에서 세이뉴 고개로 오르는 길은 멀다거나 특별히 어렵지 않지만 몇몇 가파른 구간이 있다. 경사진 알파인 풀밭에 지그재그로 길이 이어지고 진창길을 건너기도 한다. 2시간 만에 어렵지 않게 세이뉴 고개에 서면 새로운 세계가 눈앞에 펼쳐진다. 훤히 트인 발 베니 계곡 위의 공간에 몽블랑 산군이 우뚝 솟아 있다. 웅장한 몽블랑 남벽뿐 아니라 에귀 느와르 더 뻬떼레의 침봉들이 위압적이다. 더 멀리 발 베니 계곡 너머로는 며칠 후에 넘을 그랑 페레 고개와 그랑 꽁방 등도 볼 수 있다.
세이뉴 고개에서 하산길은 쉬운 편이지만 시즌 초에 눈이 많거나 안개가 낀 경우 주의를 요한다. 드넓은 리 블랑쉬(Lee Blanche) 계곡은 경사

4 구간

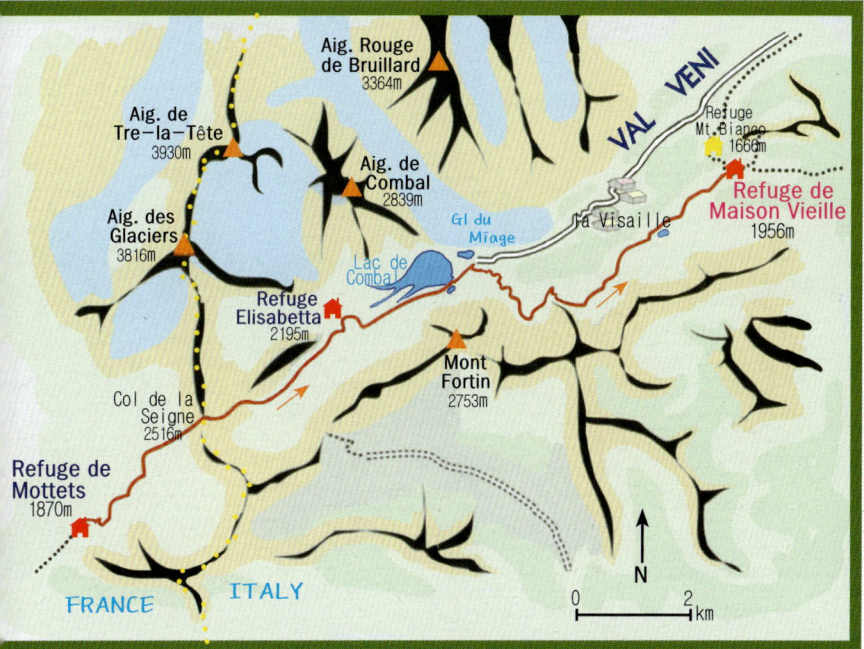

 가 차츰 완만해지다가 계곡 바닥에 이르면 평탄해진다. 계곡이 끝나는 왼편 끄트머리 언덕에 엘리자베타 산장이 있다. 산장 뒤, 빙하 녹은 급류를 이용해 만든 전기로 불을 밝히는 이 산장의 저녁놀이 환상적이다.
 산판도로처럼 넓은 길을 따라 꽁발 호수 끄트머리까지 내려오면 오른편 언덕으로 오르는 이정표가 있다. 몬떼 파브레(Mt. Favre) 자락으로 반시간 이상 오른 다음, 줄곧 산허리를 끼고 걷는다. 몽블랑에서 발원한 미아즈 빙하와 빙하 끝자락에 생성된 미아즈 호수, 몽블랑 남측의 숲한 벽들, 에귀 더 뻬떠레(Aig. de Peuterey) 능선의 침봉들이 가슴 가득 시야에 들어온다. 도중에 몇몇 호수에 담긴 만년설산을 일별하고 쉐크루이 고개(Col Chécrouit, 1956m)로 완만하게 걸어 내린다.

엘리자베타 산장(Refugio Elisabetta Soldini, 2195m) : tel. (00 39) 01 65 84 40 80(info@rifugioelisabetta.com)

Refuge de Maison Vieille(Col Checroui, 1956m) : tel. (00 39) 01 65 80 93 99 / 03 27 23 09 79(www.maisonvieille.com / info@maisonvieille.com)
Rifugio le Randonneur(1890m) : 349 53 68 898(www.randonneurmb.com / info@randonneurmb.com)

Refuge Monte Bianco(Val Veni, 1675m) : tel. (00 39) 01 65 77 86 02 / 76 87 76(info@refugiomontebianco.com) 01 65 86 90 97

모떼 산장에서 세이뉴 고개로 오르는 첫 구간은 완만하다.
저 멀리 에귀 데 글라시에가 솟아 있다.

진창길도 몇 번 지나 오른다. 뒤로 저 멀리 계곡 아래에 사피유 마을이
있으며 우측 위에 푸르 고개도 보인다.

모떼 산장에서 세이뉴 고개까지 2시간 걸린다.

세이뉴 고개 정상.

세이뉴 고개를 넘으면 새로운 세계가 펼쳐져 있다.
이제부터 이탈리아 땅이다. 고갯마루에 눈이 많은
시즌 초나 안개가 끼면 주의해야 한다.

완만한 길이 차츰 이어지다가 평탄한 계곡 왼편 끄트머리 언덕에 엘리자베타 산장이 있다. 에귀 데 글라시에 등 만년설산을 등지고 있는 이 산장은 몽블랑 남벽에 드는 석양을 즐기기 좋다.

엘리자베타 산장에서 발 베니 계곡으로 내려가는 길은 넓고 편하다. 평지가 끝나는 지점에서 오른편 산허리를 타고 간다.

꽁발 호수 끄트머리쯤, 다리를
건너기 전에 오른편 언덕으로
올라야 한다. 이정표가 있다.

뒤로 미아즈 빙하가
펼쳐져 있다.

꽁발 호수에서 한 시간 오르면 목장 오두막(Arpe Vieille)이 있으며 뒤로 미아즈 빙하가 보인다.

에귀 데 글라시에를 배경으로 언덕을 넘어오는 트레커.

이 구간에서 가장 높은 몬떼 파브레(2987m 자락의 언덕(2400m)에서는 몽블랑 남벽이 훨씬 더 가까이 보인다.

알파인 호수 쉐크루이(Lac Chécrouit)에 담긴 몽블랑 남벽.

발 베니 계곡을 아래에 두고 산허리길을 돌아간다. 저 멀리 4000미터 봉인 당 뒤 제앙과 그랑드 조라스가 보인다.

쉐크루이 고개(Col Chécrouit, 1956m)의 평탄한 풀밭에 자리한 메종 비예이 산장. 산장 뒤로 몽블랑 남벽의 침봉들과 브렌바 빙하가 펼쳐져 있다.

5 구간   메종 비예이 산장 - 베르토네 산장

Refuge de Maison Vieille(Col de Checroui, 1956m) − 꾸르마이에
(Courmayeur, 1223m) : 1h 30min(−733m)
꾸르마이에(Courmayeur, 1223m) −Refuge Bertone(1970m) : 2h
15min(+747m)

거리 : 약 10km / 시간 : 3h50
등행고도 : +747m / 하행고도 : −733m

몽블랑 산군 남측의 유서 깊은 산악도시 꾸르마이에를 지나게 되는데, 몽블랑 일주의 반환점을 통과하는 셈이기에 시간이 되면 하루 쉬어 가도 좋다. 마을 중앙의 버스 터미널에서 시내버스를 타고 앙트레브에 새로 설치한 케이블카를 이용, 헬브로너(3462m)에 올라 몽블랑 산군의 만년설산을 보다 가까이에서 지켜볼 수 있다. 곤돌라를 타고 5km 길이의 발레 브랑쉬 설원을 지나 샤모니의 에귀 디 미디 전망대에 다녀와도 좋다. 그리고 전통과 현대가 공존하는 꾸르마이에의 고풍스런 골목을 거닐며 즐기는 커피 맛도 좋다. 물론 꾸르마이에로 하산하기 전에 몽 쉐띠프(Mt. Chétif) 정상에도 올라볼 만하다. 한 시간 반 걸리는데, 정상에서 돌론네로 곧장 하산할 수도 있다. 숲으로 걸어 내리면 두 시간, 비아 페라타(와이어가 설치된 바윗길)로 하산하면 세 시간 걸린다.

　메종 비예이 산장에서 꾸르마이에로 하산하는 길은 크게 두 길이다. 우선 북측으로 고개를 내려가 전나무 숲 아래에 있는 몬떼 비앙코 산장을 지나 발 베니 계곡을 따라 내려가는 길이다. 도중에 산골마을의 아담한 성당(Notre Dame de la Guérison, 1444m)에도 둘러볼 만하다. 또다른 길은 꾸르마이에로 곧장 하산하는 길이다. 우선 스키 리프트 좌측 옆으로 난 산판도로를 따라 내려간다. 10여 분 하산하면 개인 소유의 산장(Rifugio le Randonneur, 1890m / www.randonneurmb.com)이 있고 좀 더 걸어가면 꾸르마이에에서 올라오는 케이블카 역이 나타난다. 이정표를 따라 케이블카 역 좌측 급경사면을 따라 내리는데, 전나무 숲 속으로 길이 지그재그로 나 있다. 한 시간 만에 숲을 벗어나 풀밭을 가로지르면 매력적인 마을 돌론네(Dolonne, 1210m)다. 온통 돌로 지은 아담한 마을 중앙을 가로지르는 골목길이 운치가 있으며 중앙의 교회 돌담에 페인트로 표시된 몽블랑 일주 이정표를 따라 마을을 내려온다. 도로를 따라 다리를 건너 오르막을 100미터 오르면 꾸르마이에 시내의 버스 터미널이 나온다. 터미널 건물 뒤로 몽블랑 산군의 파노라마가 펼쳐져 있다. 이곳에서 시외버스를 타고 몽블랑 터널을 지나 샤모니나 우쉬로 갈 수도 있다.
　터미널 위로 50미터 오르면 꾸르마이에 중심가 거리로 남쪽으로 조금 가면 교회가 있다. 슈퍼마켓은 교회 앞 광장 아래쪽에 있으며 주 거리

5 구간

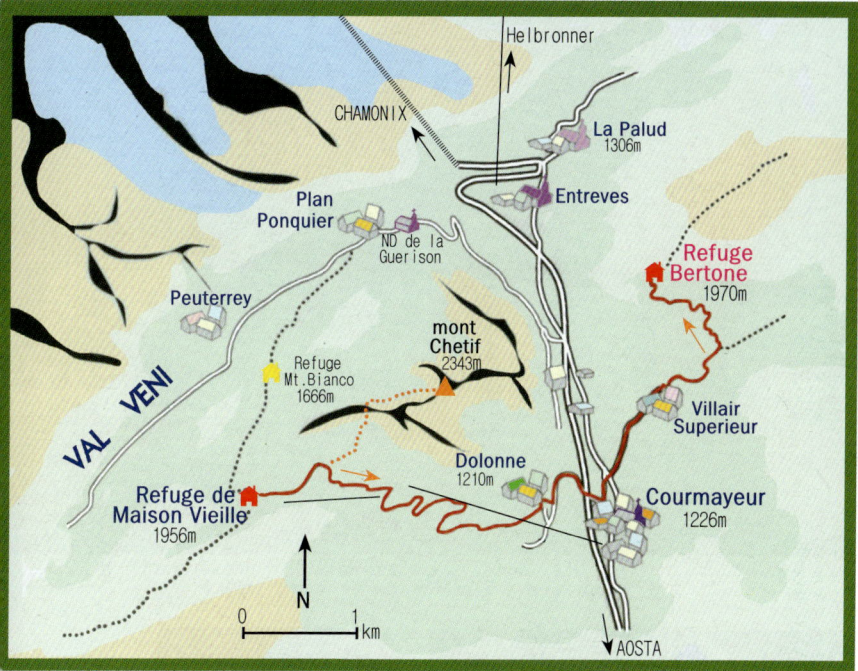

에도 식료품점들이 있다. 마을을 둘러본 다음, 교회 앞 가이드 동상 좌측 위로 오르면서 산행을 시작한다. 작은 도로를 따라 빌라일(Villair, 1327m) 마을로 오른 다음부터 길은 차츰 좁아진다. 마을 위로 계속 오르면 비포장길이 나타나고 개울도 건넌다. 이정표를 따라 오솔길로 오르다 보면 비포장길과 겹친다. 비포장길은 사팡 계곡으로 오르는 길이다. 빌라일에서 20분 만에 이정표를 따라 비포장길에서 벗어나 산길에 본격적으로 접어든다. 전나무 숲 사이로 지그재그 길을 따라 한 시간 이상 올라야 시야가 트인다. 마지막 언덕을 돌아 오르면 몽블랑 남벽의 뾰족한 바위벽들이 눈에 들어오고 곧 베르토네 산장이다.

꾸르마이예(Courmayeur, 1223m)
www.lovevda.it / courmayeur@turismo.vda.it
몽블랑 일주 중 가장 큰 마을 중 하나로서 각종 편의시설이 갖춰져 있다.
Pensione Venezia : tel. 01 65 84 24 61
Hotel Select : tel. 01 65 84 66 61(www.courmayeurhotel.com)
Hotel Edelweiss : tel. 01 65 84 15 90(info@albergoedelweiss.it)
Hotel Svizzero : tel. 01 65 84 81 70(www.hotelsvizzero.com)
Hotel Crampon : tel. 01 65 84 23 85(www.crampon.it)

Refuge Bertone(1970m) : tel. (00 39) 01 65 84 46 12 / 01 65 89 336(www.rifugiobertone.it / info@rifugiobertone.com)

쉐크루이 고개(Col Chécrouit, 1956m)의 평탄한 풀밭에 자리한 메종 비예이 산장. 산장 뒤로 몽블랑 남벽의 침봉들과 브렌바 빙하가 펼쳐져 있다.

꾸르마이예에 들어서기 전, 돌론네(1210m)의 골목.

사팡 고개

베르토네 산장

꾸르마이예까지 하산은 평탄한 스키 슬로프를 따라 걷다가 중간 케이블카 역 옆에서 침엽수림에 들어선다. 마을 위로 사팡 계곡과 사팡 고개가 보이며 베르토네 산장은 좌측 위로 오른다.

꾸르마이예 시내. 각종 편의시설들이 잘 갖춰져 있다. TMB 코스는 교회 앞 좌측 위로 이어져 있다.

꾸르마이예의 골목 돌로 지은 집이 많다.

몽블랑 산군의 북측 우쉬나 샤모니와 달리 꾸르마이예에는 돌로 지은 집들이 많다. 산악도시라 등산화를 작업화로 신고 있는 이들 뒤로 저 멀리 빙하가 보인다.

꾸르마이예 중심가.

베르토네 산장으로 오르는 이들 뒤로 꾸르마이예가 내려다 보인다.

트레킹 길 보수 장면

침엽수림 사이로.

한 시간 이상 오르면 시야가 트인다.

베르토네 산장 아래, 몽블랑 남동벽의 웅장한 위용을 볼 수 있다.

삭스 언덕 아래 전망이 트인 풀밭에 자리한 베르토네 산장. 하룻밤 묵어가기 좋은 곳이다. 산장 위 언덕에서 보이는 몽블랑과 주변 봉우리들의 저녁놀이 특히 좋다. 여럿이 이용하려면 예약 후 찾아야 한다.
Refuge Bertone(1970m) : tel. (00 39) 01 65 84 46 12 / 01 65 89 336(www.rifugiobertone.it / info@rifugiobertone.com)

6 구간 베르토네 산장 - 엘레나 산장

베르토네 산장(Refuge Bertone, 1970m) – 사팡 고개(Col Sapin, 2436m) : 2h 15min(+614m /-98m)
Col Sapin(2436m) – Pas Entre Deux Sauts(2524m) : 1h(-176m /+264m)
Pas Entre Deux Sauts(2524m) – Refuge Bonatti(2025m) : 1h30
Refuge Bonatti(m) – Lavachey(1642m) : 1h10
Lavachey(1642m) – Refuge Elena(2062m) : 1h30(+420m)

거리 : 약 18km / 시간 : 7h30
등행고도 : +1298m / 하행고도 : -1156m

이 구간은 이틀 전에 걸은 발 베니 계곡 횡단길과 마찬가지로 몽블랑 일주에서 이탈리아의 대표적인 코스다. 몽블랑 일주에서 마지막에 걷는 에귀 루즈 횡단길과 함께 몽블랑 일주에서 조망이 가장 빼어나다. 서쪽 저 멀리 있는 세이뉴 고개에서부터 발 페레 계곡 건너편에 우뚝 솟은 몽블랑 산군, 특히 그랑드 조라스 주변 봉우리들과 동쪽 끝에 있는 그랑 꼴 페레까지 바로 건너다보며 걷는다. 드넓은 풀밭이 펼쳐진 삭스 언덕은 여름철에만도 시시각각 풍경이 다른데, 6월 말 눈이 녹으면서 크로커스 등 이른 봄꽃들이 핀 다음, 가을까지 각종 야생화들이 뒤를 잇는다. 산장 아래 고도에는 진홍의 알펜로제로 시작해 9월만 되어도 낙엽송이 금빛으로 변해간다. 보나티 산장 위 말라트라 계곡도 운치가 있으며 발 페레 계곡 바닥까지 하산해 엘레나 산장으로 이어지는 길도 좋다.

보나티 산장 가는 길은 여러 갈래가 있다. 우선 꾸르마이예에서 사팡 계곡을 거슬러 올라 사팡 고개를 넘을 수 있으며 베르토네 산장 위 갈림길에서 삭스 언덕으로 오르지 말고 좌측으로 산허리를 돌아 삭스 언덕 중턱을 횡단해 갈 수도 있다. 두 길 다 수월한 편이지만 날씨가 좋은 날이면 삭스 언덕의 풍광을 빼먹을 순 없다. 베르토네 산장 뒤편으로 가파른 언덕을 반 시간도 오르지 않아 시야가 트이는 드넓은 풀밭, 삭스 언덕이 나타난다. 동쪽으로 트롱쉬 언덕 (Tête de la Tronche) 정상(2584m)까지 완만한 길이 이어지는데, 도중에 작은 웅덩이도 있어 수면에 비치는 만년설산을 즐길 수 있다. 트롱쉬 정상에서 십여 분이면 사팡 고개에 내려설 수 있으며 아르미나(Armina) 계곡으로 반 시간 하산한다. 돌로 지은 움막이 있는데, 시간이 부족하거나 몸이 좋지 않으면 곧장 계곡을 따라 내려가 라바케이(Lavachey)로 하산할 수 있으며 도중에 보나티 산장으로 갈 수도 있다.

돌 움막 뒤로 오르막을 오르면 앙트르 되 소 고개(Pas Entre Deux Sauts, 2524m)이고 말라트라 계곡을 하산해 보나티 산장에 이른다. 한 시간 이상 하산해 발 페레 계곡 바닥에 이르러 도로를 따라 오르면 엘레나 산장이다. 아르누바(Arnuva)에서 산길을 걸어 엘레나 산장에 닿을 수도 있다.

6 구간

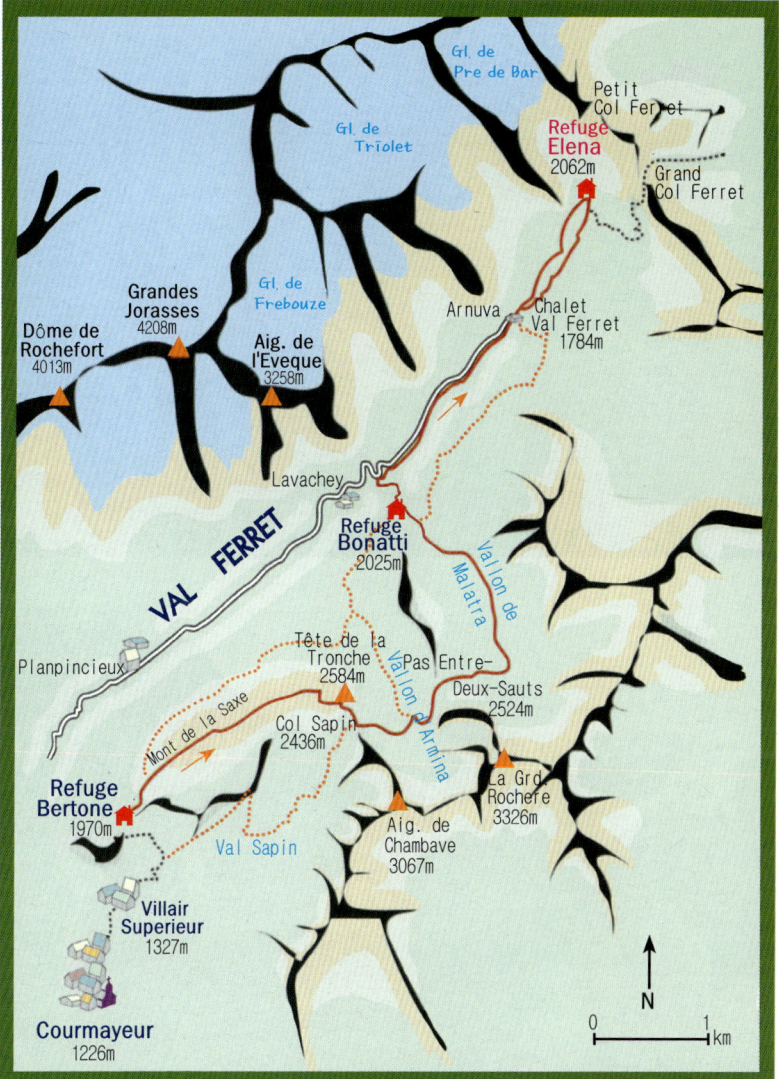

Refuge Bonatti(2025m) : tel. (00 39) 01 65 18 55 523 / 03 65 68 48 578(www.rifugiobonatti.it / rifugiobonatti@gmail.com)
Hotel Lavachey(1642m) : tel. (00 39) 01 65 86 97 23(www.lavachey.com
Chalet Val Ferret(1784m) : tel. (00 39) 01 65 84 49 59
(www.chaletvalferret.com)
Refuge Elena(2062m) : tel. (00 39) 01 65 84 46 88
(rifugioelena@virgilio.it)

베르토네 산장 뒤로 길이 이어진다.

삭스 언덕의 봄.
눈이 녹고 꽃들이 핀다.

삭스 언덕에 핀 봄의 전령
아네모네 (Anemone)

삭스 언덕.
알프스의 고산화원을 이룬다.

초여름에 눈 녹은 물이 알파인 언덕에 이렇게 고이지만 한여름이 되면 마르는 경우도 있다. 그랑드 조라스 남면을 배경으로 트레커들이 물가를 걷고 있다.

이른 아침, 꾸르마이에 계곡 동쪽 산들을 배경으로 길을 떠나는 트레커들.

한여름이면 삭스 언덕에서 풀을 뜯는 소와 말들을 볼 수 있다. 배경은 몽블랑과 뻬떠레 능선이다.

왼편 저 멀리 사피유 고개를 비롯하여 몽블랑 산군의 파노라마를 배경으로 한 트레커들이 트롱쉬 언덕으로 오르고 있다.

트롱쉬 언덕으로 향하는 트레커들 뒤에 그랑드 조라스 남벽이 솟아 있다.

97

트롱쉬 언덕 오르는 길은 수월한 편이다.

트롱쉬 정상(2584m)에서 사팡 고개(2436m)로 내려가는 트레커들. 20분 걸린다.

트롱쉬 정상부.

아르미나(Armina) 계곡을 건너는 트레커.

말라트라(Malatra) 계곡을 건너는 트레커들.

사팡 고개

앙트르 되 소 고개(Pas Entre Deux Sauts, 2524m).
저 멀리 트롱쉬 언덕과 사팡 고개가 보인다.

트롱쉬

사팡 고개

말라트라 계곡을 가로질러 보나티 산장으로 하산하고 있다.

말라트라 계곡 상단.
한여름이면 꽃들이 많다.

보나티 산장 위, 쁘띠뜨 조라스 남벽을 배경으로.

대한 알피니스트 보나티를 기리기 위해 세워진 보나티 산장(Refuge Bonatti, 2025m) : tel. 39) 01 65 18 55 523(www.rifugiobonatti.it). 트레커를 위한 시설이 잘 갖춰져 있다.

보나티 산장 뜰. 발 페레 계곡 건너편의 그랑드 조라스와 쁘띠뜨 조라스가 바로 건너다 보인다.

변형루트
삭스 언덕 북면 산허리길

베르토네 산장 바로 위 삼거리에서 삭스 언덕으로 오르지 말고 좌측으로 산허리를 돌아 보나티 산장으로 이어진 길을 달리고 있다. 일종의 **변형루트**로서 시간을 단축할 수 있는 길이며 삭스 언덕 북측 둘레길인 셈이다.

보나티 산장 아래 하산길.
저 멀리 며칠 전에 넘어온
세이뉴 고개가 보인다.

보나티 산장 아래, 침엽수림 지대까지 길은
완만하고 숲에 들어서면 가팔라진다.

발 페레 계곡 바닥에 내려서면 아스팔트 도로가 이어진다. 30분
거리인 아르누바(Arnuva, 1784m)까지 한 시간에 한 대 꼴로 버스
가 다닌다. 저 멀리 그랑 페레 고개가 보인다.

아르누바(1784m) 조금 위 삼거리.
엘레나 산장까지 비포장길을 따라
가도 되고 오른편 위로 산길을 따
라가도 된다.

아래 위의 사진들처럼 아르누바에서 오른편
위로 난 산길을 따라 가면 엘레나 산장이다.

엘레나 산장 아래의 비포장길.
프레 더 바 (Pré de Bas) 빙하가 흐른다

비포장길을 따라가면 엘레나 산장에 이른다. 그랑 페레 고개(2537m)는 산장 뒤편으로 이어지고 이정표가 있는 이곳에서 쁘띠 페레 고개(2490m)로 오른다. 쁘띠 페레 고개가 조금 짧지만 험하다.

7 구간 엘레나 산장 - 샹뻭스

Refuge Elena(2062m) – Grand Col Ferret(2537m) : 1h40(+475m)
Grand Col Ferret(2537m) – Ferret(1700m) : 2h(-837m)
Ferret – Issert(1049m) : 2h40(-651m)
Issert – Champex(1466m) : 1h30(+417m)

거리 : 약 26km / 시간 : 8h
등행고도 : +892m / 하행고도 : -1488m

꽤 긴 구간으로서 페레 고개를 넘으면서 이탈리아를 등지고 스위스 땅에 들어선다. 이 구간의 하이라이트는 페레 고개이다. 두 고개 중 그랑 페레 고개는 사람들이 더 많이 찾고 세이뉴 고개보다 수월할 뿐 아니라 이제껏 지나온 발 페레 계곡 및 발 베니 계곡과 심지어 세이뉴 고개까지 보인다. 북쪽으로 이어진 그랑 페레 고개는 쁘띠 페레 고개를 지나 이탈리아와 스위스, 프랑스의 국경이 접한 3국 봉 몽돌랑으로 이어지는데, 고갯마루에서 보이는 몽돌랑과 주변 봉우리들, 프레 더 바 빙하 등도 볼만하다. 샹뻭스까지 이어진 길은 다소 지루할 수 있지만 스위스 알프스 산간마을 사람들의 삶을 엿볼 수 있는 소중한 기회다.

 엘레나 산장 위로 이어지는 그랑 페레 고갯길은 지그재그로 나 있고 두 시간 만에 고개 정상에 서면 스위스 땅이다. 이제껏 지나온 등 뒤의 풍경만은 못하지만 저 멀리 그랑 꽁방(Grand Combin, 4314m)과 곧 내려갈 라 풀리 계곡이 한 눈에 보인다. 여름에도 이른 시즌에는 고개 너머 스위스 쪽 사면에 눈이 남아 있을 수 있지만 완만한 풀밭이 이어진다. 한 시간 이상 하산하면 목장을 개조한 뻴라즈 산장(La Peulaz, 2071m)이 있어 쉬어갈 수 있다. 이후 길은 넓은 산판도로를 따르는데, 페레를 지나 라 풀리에 이른다. 작은 마을이지만 웬만한 편의시설(숙소와 식당, 현금지급기와 상점, 버스 등)이 갖춰져 있다.
 라 풀리에서 도로 옆을 따라 걸을 수도 있지만 트레킹은 주로 도로 좌측 숲 사이로 이어진다. 개울도 건너고 목초지와 전나무 숲을 지나는 도중에 여러 마을을 지나게 된다. 제라늄 등으로 창가를 장식한 알프스의 전통적인 목조 가옥을 보면서 산골사람들의 소박한 삶을 잠시나마 느낄 수 있다. 마지막 마을 이세르(Issert, 1055m)에서 길은 오르막으로 바뀌고 바로 전나무 숲 사이로 이어져 두 시간 만에 인공호수를 끼고 있는 샹뻭스에 도착한다.

Alpage de la Peulaz(2071m) : tel. 027 783 1044(www.lapeulaz.skyrock.com)
Ferret(1700m) : Gîte de la Lechere(tel. 079 433 4978)
La Fouly(1610m, www.st-bernard.ch) : Chalet Le Dolent(tel. 027 783 2931, www.dolent.ch), Gîte Les Girolles(tel. 027 783 1875, lesgirolles@netplus.ch), 캠핑장 등. 버스, 상점.
Champex(1466m, www.champex.info) : Pension En Plein Air(tel. 027 783 2350, pensionenpleinair@bluewin.ch), Au Club Alpin(tel. 027 783 1161), Chalet du Jardin Alpin(tel. 027 783 1217, info@flore-alpe.ch), 캠핑장(마을 위) 등. 버스, 상점.

변형루트
쁘띠 페레 고개

쁘띠 페레 고개(2490m)에서 엘레나 산장 쪽으로 내려가는 트레커들.

쁘띠 페레 고개(2490m)로
오르는 트레커.

엘레나 산장에서 페레 고개를 넘는 두 길은 그랑
페레 고개(2537m)와 쁘띠 페레 고개(2490m)이다.
엘레나 산장 아래 200미터 정도 거리에 있는 이
곳에서 가파른 언덕을 오르면 쁘띠 페레 고개
로 오르는 길인데, 조금 짧지만 힘하다. 대부분
의 트레커들은 아래 사진처럼 엘레나 산장 바로
위로 이어지는 그랑 페레 고개를 넘는다.

그랑 페레 고갯길

그랑 페레 고개(2537m)는 산장 뒤편으로
이어지는데, 지그재그 오르막길이다.

그랑 페레 고갯길

그랑 페레 고개(2537m)로 오르면서 뒤돌아본 풍경.
발 페레 계곡 너머 저 멀리 발 베니 계곡과 그 위의
세이뉴 고개까지 보인다.

그랑 페레 고개 (2537m) 너머 스위스 쪽 하산길은 완만하게 이어진다.

그랑 페레 고갯길

그랑 페레 고개(2537m) 정상. 북쪽으로 능선을 따라가면 쁘띠 페레 고개(2490m)가 있으며 그 너머로 3국 봉 몽돌랑이 (구름에 가려) 있다. 좌측 아래로 프레 더 바 빙하가 흐른다.

산허리를 완만하게 끼고 돌아 한 시간이면 뺄라즈 산장(la Peulaz, 2071m)이 있다. 10여 년 사이에 변한 모습이다.

라 풀리 가는 길

계곡에 내려서면 비포장길이 이어진다. 아 풀리 못 미친 지점이다. 길가에 야생 화 밭이 펼쳐져 있고 좌측 위로 몽블랑 산군 동쪽의 봉우리들이 보인다.

샹뻭스

계곡을 따라 계속 내려가면 도로 좌측 풀밭과 숲을 지나기도 하고 마을을 통과하기도 한다. 알프스 산간마을의 목조주택이나 텃밭 등 산골사람들의 생활을 조금은 엿볼 수 있다. 이세르(Issert, 1055m)를 지나서부터 오르막이 시작되고 전나무 숲을 오르면 거대한 인공호수 옆에 자리한 샹뻭스가 나타난다.

8 구간   샹뻬스 - 트리앙

Champex(1466m) − (Fenêtre d'Arpette, 2665m) : 4h(+1200m)
Fenêtre d'Arpette(2665m) − Le Peuty(Trient, 1326m) : 2h50(−1339m)

거리 : 약 14km / 시간 : 6h50
등행고도 : +1200m / 하행고도 : −1339m

샹뻬스에서 트리앙으로 가는 길은 크게 두 길이다. 아르페뜨 고개(Fenêtre d'Arpette, 2665m)를 넘거나 보빈느(Bovine, 1987m) 목장 쪽으로 산허리를 우회하는 길이다. 아르페뜨 고개는 3일째 구간에서 넘은 푸르 고개와 높이는 같지만 훨씬 험난한 알파인 고갯마루기에 길에 대한 정보와 일기예보 등을 미리 확인하고 출발해야 한다. 등하산의 높이만으로도 이 구간이 힘들 것이라 짐작하고도 남는다. 본격적인 오르막이 시작되는 아르페뜨 계곡 하단 숲에서는 개울물에 길이 유실되기 일쑤고 고개 아래는 눈이 쌓이거나 큰 바위들을 타 넘어야 한다. 그런 만큼 고갯마루에서 마주치는 서쪽 풍경이 더 아름답게 여겨질 것이다. 트리앙 빙하의 갖가지 얼음 기둥은 하산하는 내내 좌측에 두고 볼 수 있다. 가파른 지그재그 길을 거의 다 내려와 글라시에 휴게소(Chalet du Glacier, 1583m)에서 길이 갈라지는데, 맨 우측 포르클라 고개는 거의 평지나 다름없으며 러 빼띠와 트리앙으로 계곡을 따라 반 시간 이상 계속 걸어 내리면 된다. 한편 급류에 놓인 다리를 지나 한 시간쯤 오르면 그랑 산장(Refuge Les Grands)이 있다. 잠만 잘 수 있는 이 산장을 지나면 발므 고개로 수월하게 오를 수 있다.

    샹뻬스 마을 중심에서 큰 길을 따라 가면 캠핑장이 있고 곧 숲으로 이어진 오솔길이 있다. 샹뻬스 호수에 물을 대는 수로 옆길을 따라 반 시간 오르면 시야가 차츰 트인다. 곧 이어 닿는 아르페뜨는 별장과 숙박업소, 캠핑장이 있는 자그마한 마을이다. 계곡을 계속 따라 오르면 길은 좁아지고 숲 사이로 이어진다. 간혹 개울물이 범람해 길이 흐릿할 수 있지만 대체로 계곡 오른편을 따르면 된다. 숲을 벗어나면 경사가 차츰 심해지고 오른편 사면을 비스듬히 오르게 된다. 길이 험해지면서 큰 돌들이 어지럽게 쌓인 지대를 오를 때 케른이나 페인트로 길이 표시되어 있지만 주의해 올라야 한다. 간혹 바윗돌이 흔들려 넘어지기도 한다. 시즌 초에는 상단 사면에 눈이 남아 있을 수 있다.
    아르페뜨 고개에 오를 때 길이 뚜렷하지 않은 것에 비해 하산길은 좀 낫다. 하지만 상단부에는 여전히 바위들이 있어 주의해야 한다. 트리앙 빙하를 좌측에 두고 가파른 사면을 지그재그로 걸어 내린다. 고개에서 2시

8 구간

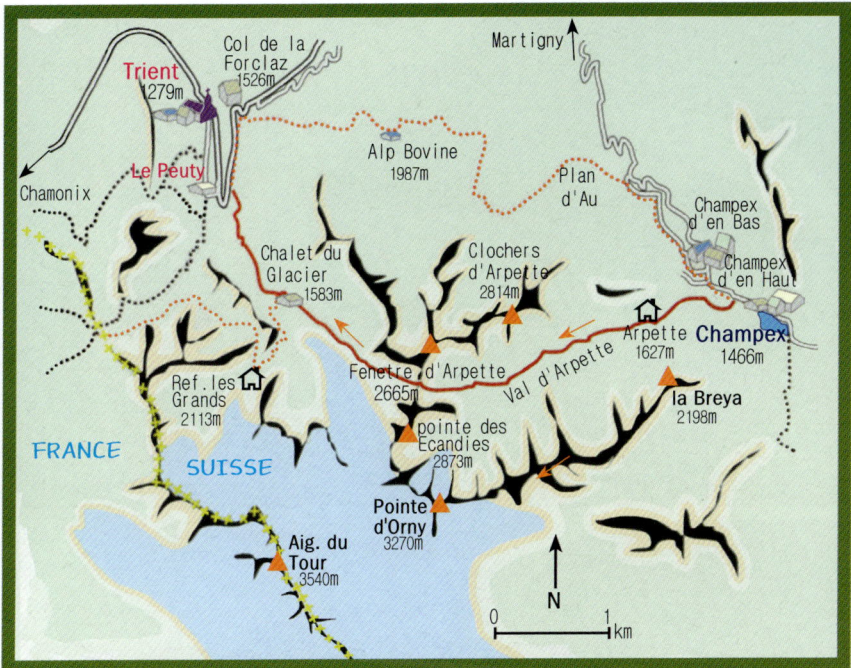

간 걸려 휴게소(Chalet du Glacier, 1583m)에 도착, 자신의 건강상태나 다음날의 일정을 고려해 세 갈래 길 중 하나를 택한다. 오른편으로 이어진 평탄한 길을 따라 45분 가면 포르클라 고개(캠핑장과 호텔)가 있다. 급류에 놓인 다리를 지나 다시 오르막을 한 시간 반 오르면 산장(Refuge Les Grand, 2113m)이 있다. 이 산장에서는 식사가 되지 않고 잠만 잘 수 있다. 한편 다리를 건너 계곡을 30분 내려가면 러 빼띠에 여행자 숙소(Gîte)와 캠핑장이 있고 조금 더 내려가면 트리앙인데, 숙소와 식당이 있다.

Arpette(1627m, 45min) : Relais d'Arpette(tel. 027 783 1221 / info@arpette.ch), 캠핑장.
Champex d'en Haut(1440m, 20min) : Chalet Bon-Abri(tel. 027 783 1423 / www.gite-bonabri.com)
Col de la Forclaz(1526m, 4h) : Hotel du Col de la Forclaz(tel. 027 722 2688 / www.coldeforclaz.ch), 캠핑장, 식당, 버스.
Le Peuty(1328m, 6h30) : Gîte Refuge du Peuty(tel. 027 722 0938)
Trient(1279m, 7h50) : Auberge Mont Blanc(tel. 027 767 1505 / info@aubergemontblanc.com), La Grande Ourse(tel. 027 722 1754 / www.la-grande-ourse.ch), 캠핑장, 식품점, 버스.
Refuge Les Grands(2113m, 7h) : tel. 026 660 6504

샹뻭스 캠핑장

샹뻭스에서 45분 오르면 시야가 트이고 곧 아르페뜨 마을이다. 비나 눈으로 인해 아르페뜨 고개까지 길이 험미할 수 있는데, 주로 오른편에 길이 있다.

아르페뜨 마을의 여행자 숙소. Arpette(1627m, 45min) : Relais d' Arpette(tel. 027 783 1221 / info@arpette.ch)

멀고 험한 아르페뜨 고갯길을 오르며 쉬고 있는 트레커들.

고개가 가까워질수록 경사가 심해진다.
바위에 길표시가 되어 있다.

고개 정상부의 너덜바위지대.
뒤로 이제껏 오른 아르페뜨 계곡이 보인다.

아르페뜨 고개 정상에서 쉬고 있는 트레커들. 뒤로 트리앙 빙하가 살짝 보인다.

아르페뜨 고개 정상에서 샹뻭스 쪽으로 내려다본 풍경. 고개 아래는 온통 돌밭이라 발을 조심해야 하며 개울이 흐르는 계곡 중간에서는 길이 유실되어 있는 경우가 많다.

트리앙 쪽에서 올라온 트레커들.

아르페뜨 고개 ↓

아르페뜨 고개에서 내려오는 상단
구간은 너덜바위지대이다.

발므 고개 ↓

트리앙 ↓

가파른 사면에 지그재그로 난 길을 하산하는 동안
좌측으로 트리앙 빙하를 내내 볼 수 있다.

트리앙 빙하를 배경으로 쉬고 있는 트레커들.
가끔 빙하 끝자락의 얼음(세락)이 굉음을 내며
무너져 내린다.

아르페뜨 고개에서 2시간 내려오면 휴게소(Chalet du Glacier, 1583m)가 있고 급류 위의 다리를 건너면 삼거리가 있다. 오른편 아래로 계속 내려가면 트리앙 쪽이고 왼편으로 다시 오르막을 오르면 산장(Refuge Les Grands, 2113m)이다. 식사가 되지 않는 이 산장으로 한 시간 반 올라야 하는데, 다음 날 발므 고개로 가기 편하다.

아르페뜨 고개에서 2시간 이상 하산해 만나는 첫 휴게소
(Chalet du Glacier, 1583m). 휴게소 앞 급류를 건너면 삼
거리가 있고 트리앙은 계속 아래로 가면 된다.

삼거리가 있는 나무다리에서 본 트리앙 빙하 쪽 모습.
아르페뜨 고개는 좌측 위에 있다.

러 빼띠 마을. 바로 아래에 트리앙이 있으며 여행자 숙소뿐
아니라 캠핑장과 식료품점도 있다.
Le Peuty(1328m) : Gîte Refuge du Peuty(tel. 027 722 0938)
Trient(1279m, 7h50) : Auberge Mont Blanc(tel. 027 767 1505 / info@aubergemontblanc.com), La Grande Ourse(tel. 027 722 1754 / www.la-grande-ourse.ch)

Champex(1466m) − Bovine(1987m) : 3h30(−136m / +657m)
Bovine − Le Peuty(Trient, 1326m) : 2h(−661m)

휴게소(Chalet du Glacier, 1583m)에서 오른편으로 이어진 평탄한 길을 걸으면 포르클라 고개가 나타난다. 식당과 숙소, 캠핑장이 있다. 한편 날씨나 몸이 좋지 않을 때는 샹뻭스에서 보빈느(Bovine, 1987m) 쪽으로 우회해 포르클라 고개로 올 수도 있다.

변형 루트
보빈느 경유

보빈느 가까운
허리길

9 구간   트리앙 - 트레 러 샹

Le Peuty(Trient, 1326m) − Col de Balme(2191m) : 2h30(+865m)
Col de Balme − Aig. des Posettes(2201m) : 1h(−194m / +204m)
Aig. des Posettes − Tré le Champ(1417m) : 1h30(−784m)

거리 : 약 12km / 시간 : 5h
등행고도 : +1069m / 하행고도 : −978m

수치상 등하행 표고차가 크지만 발므 고개를 넘는 이 구간은 그리 험하거나 힘들지 않다. 다만 마지막 부분인 포제트 봉에서 하산하는 길이 경사가 있어 다리가 피곤할 수도 있다. 몽블랑 산군 최북단에 속하는 트리앙이라 몽블랑에서 가장 먼 거리에 있는 셈인데, 프랑스와 스위스의 국경인 발므 고개를 넘으면, 베르토네~보나티 산장 구간에서 작별한 몽블랑을 재회하게 된다. 발므 언덕에서 발원한 아르브 하천이 샤모니 쪽으로 계곡을 따라 흘러 알프스의 군주 몽블랑 자락으로 흐르는 풍경이 한눈에 들어온다. 그리고 마지막 며칠 여정인 에귀 루즈 산군이 샤모니 계곡 오른편에 펼쳐져 있는 모습도 보인다. 트레 러 샹으로 하산하는 내내 몽블랑 산군의 파노라마를 앞에 두고 걷게 된다.

  트리앙에서 교회 아래 작은 길을 따라 15분 오르면 러 뻬띠에 이르고 여행자 숙소(Refuge du Peuty) 뒤편 길에 발므 고개행 이정표가 있다. 목초지를 가로지르고 개울을 지나 전나무 숲으로 들어선다. 얼마 후 숲을 벗어나고 가파른 사면을 지그재그로 오르다가 경사가 차츰 완만해진다. 2시간 이상 올라 목장(Herbageres, 2036m)이 나타나고 200미터 위에 발므 고개가 있다. 국경 표지석이 있는 고개 바로 옆에 발므 산장이 있으며 그 뒤로 몽블랑 등 몽블랑 산군의 파노라마가 한 눈에 들어온다. 이어 산장 뒤편 언덕을 내려가 서쪽으로 발므 정상 사면을 횡단하며 포제트 고개로 하산한다. 발부리에 걸릴 돌이라곤 없는 평탄한 흙길이라 눈 앞에 놓인 경치를 즐기며 걸을 수 있다.
  반 시간 만에 도착한 포제트 고개(1997m)에서 다시 오르막을 올라 20분 걸려 포제트 봉(2201m)에 서면 몽블랑 산군이 한층 가까워져 있다. 하산길은 처음 얼마간은 돌이 많은 능선이지만 곧 능선을 벗어나 완만해지고 고도를 차츰 낮춰 숲에 들어서면 경사가 다시 심해진다. 몽떼 고개와 트레 러 샹 사이로 내려와 큰 길을 따라 트레 러 샹에 이른다.
  한편 앞서 밝혔듯 아르페뜨 고개에서 하산해 샬레 더 글라시에에서 레 그랑 산장으로 올라 발므 고개에 오를 수도 있다. 그리고 발므 고개에서 에귀 포제트를 넘지 않고 샤라미용(Charamillon)을 거쳐 곧바로 뚜르 마을로 하산해 도로를 따라 몽록까지 걷고 마을 뒷길로 올라 트레 러 샹에 닿을 수 있다. 그리고 트리앙에서 발므 고개를 넘지 않고 발로신 쪽으로 크로와 더 페르(Croix de Fer, 2343m) 북면을 우회해 뷔에 마을을 지나 몽떼 고개를 넘을 수도 있다. 발로신과 뷔에 마을에도 이용에 편한 여행자 숙소들이 있다.

9 구간

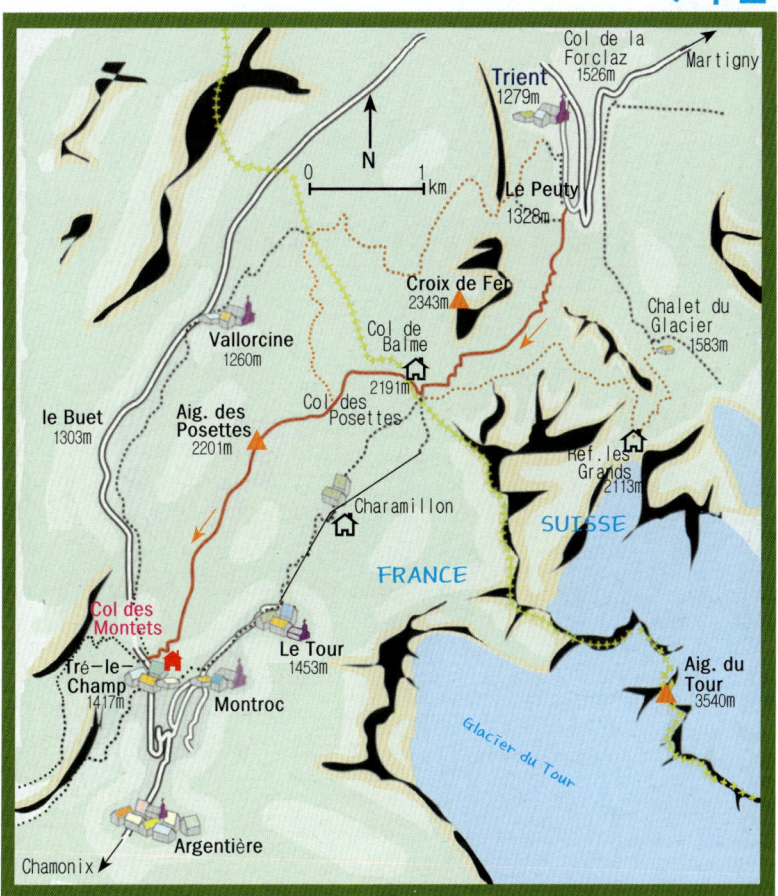

Refuge Col de Balme(2191m) : tel. 04 50 54 02 33
Le Tour(1453m) : Chalet Alpin du Tour(tel. 04 50 54 04 16)
Tré le Champ(1417m) : Gite La Boerne(tel. 04 50 54 05 14 / www.la-boerne.fr)
Chalet Skiroc(le Buet, 1337m) : tel. 04 50 54 60 32
Gîte Le Moulin : tel. 04 50 54 05 37 / www.gite-chamonix.com)

크로와 더 페르

발므 고개 쪽에서 포르클라 고개 쪽으로 내려다본 모습.

포르클라 고개

트리앙

크로와 더 페르 정상(2343m). 포르클라 고개와 마르티니, 그 뒤로 융프라우가 있는 베르너 오버란트 산군이 보인다. 발므 고개에서 반 시간이면 오를 수 있다.

발므 산장

Trient

크로와 더 페르에서 하산하는 이들 뒤로 몽블랑 산군이 보인다.

그랑 산장 아래, 바위절벽을
뚫고 길을 만들었다.

양지바른 사면에 자리한 그랑 산장.
개인 소유의 작은 산장이라 산장지기
가 없는 경우도 있고 음식을 사 먹을
수 없기에 식량을 준비해 가야 한다.
잠자리만 이용할 수 있다.

그랑 산장에서 발므 고개는 한 시간 반 거리로 그리 힘하지 않다. 계곡 건너편 위에 아르페뜨 고개가 보인다.

그랑 산장은 트리앙을 거치지 않고 다음 구간으로 이동할 수 있는 보다 짧은 거리에 있는 산장이다.

발므 산장

트리옹

그랑 산장

발므 산장 주변

스위스와 프랑스의 국경 표지석이 있는 발므 고개.

발므 산장 주변은 길도 편하고 경치가 좋아 트레커들이 즐겨 찾는다.

포제트 고개

발므 산장

발므 산장에서 포제트 고개로 가기 위해 서쪽으로 난 발므 언덕 횡단길을 걷는다. 두 트레커가 발므 산장으로 향하고 있다.

발므 산장

베르트
드뤼
몽블랑

포제트 고개에 이르는 길이 좋아
산악자전거도 많이 탄다.

포제트 고개에서 올라오는 트레커 뒤로
몽블랑 산군의 파노라마가 펼쳐져 있다.

포제트 정상

포제트 고개

포제트 고개의 민들레 꽃밭을 지나 에귀 포제트(2201m)로 향하는 트레커 행렬.

포제트 정상

포제트 고개

포제트 고개에서 포제트 정상으로 가지 않고 산허리를 돌아가도 트레 러 샹으로 내려가는 길을 만나게 된다.

포제트 정상

포제트 고개

발므 정상

발므 고개

Pulsatille
아네모네
의 일종

발므 고개 정상. 만년설산이 한 층 가까워진다. 뚜르 빙하 위에 샤르도네(3824m)가 솟아 있다.

포제트 정상에서의 하산길.

에귀 포제트 허리길을 타는 산악자전거.
큰 길을 따라 내리면 트레 러 샹이다.

1990년대 후반에 처음으로 몽블랑 일주를 할 때의 필자. 포제트 언덕에서.

트레 러 샹

발므 고개로 오르는 어린 트레커들. 남녀노소 누구나 트레킹을 즐기고 있다.

포제트 고개 아래 야생화 트롤르(Trolle) 꽃밭 뒤로 펼쳐진 몽블랑 산군의 파노라마.

트리앙에서 반 시간 이상 오른 오두막에서 아르페뜨 고개 쪽으로 본 풍경. 트리앙 빙하도 보인다.

변형 루트
크로와 더 페르 북측 산허리길

트리앙에서 발므 고개를 넘지 않고 발로신 쪽으로 크로와 더 페르(Croix de Fer, 2343m) 북면으로 우회해 포제트 고개로 갈 수도 있다.

알빠즈(산간 별장) 뒤로 트리앙 빙하와 에귀 뒤 투르 및 주변 봉우리들이 보인다.

이 언덕을 올라 국경을 지나면 다시 프랑스 땅에 들어서게 된다.

산허리길을 줄곧 돌아오른다.

산허리를 돌면 몽블랑 산군이 불쑥 다가온다.

10 구간 트레 러 샹 - 플레제르 산장

Tré le Champ(1417m) − 갈림길(2132m) : 2h30(+715m)
갈림길 − 플레제르(La Flégère, 1877m) : 1h30(−255m)
Tré le Champ(1417m) − Col des Montets(1461m) : 15min(+44m)
Col des Montets(1461m) − 갈림길(2132m) : 2h20(+671m)
갈림길(2132m) − 락 블랑(Lac Blanc, 2352m) : 40min(+220m)
락 블랑(Lac Blanc, 2352m) − La Flégère(1877m) : 1h15(−475m)

거리 : 8km / 13km   시간 : 4h / 5h
등행고도 : 715 m / 935m   하행고도 : −255m / −475m

에귀 루즈 산군의 허리길을 따라 플레제르 가는 길은 몽블랑 일중 중 가장 멋진 구간 중 하나 일 것이다. 왼편 발아래에 샤모니 계곡을 두고 건너편에 펼쳐진 몽블랑 산군의 파노라마를 지켜보며 걸을 수 있다. 몽블랑을 내내 가슴에 담고 걸을 수 있는 구간이다. 트레 러 샹에서 곧바로 오르는 길 대신 몽떼 고개를 거쳐 에귀 루즈 허리길에 올라 락 블랑을 경유해 플레제르로 하산하는 길을 추천하고 싶다. 하얀 호수 락 블랑에 담기는 만년설 산의 풍경이 좋다. 아울러 락 블랑 아래의 세서리 호수들(Lac Cheserys)도 둘러보면 좋다. 큰 길에서 조금 벗어나 오르면 크고 작은 호수들이 숨은 보석처럼 반짝이며 반겨줄 것이다. 날씨가 좋지 않으면 버스를 타고 샤모니로 내려가 하루나 이틀 기다린 다음, 레 프라에서 케이블카를 타고 플레제르로 올라 락 블랑을 둘러보고 브레방으로 가는 것도 좋을 것이다. 이 멋진 구간을 그냥 지나가기엔 아쉽기에.

 트레 러 샹 도로 위 100미터 지점의 공터에서 시작하는 길은 숲 사이로 오르막이 계속 이어지고 시야가 트일 즈음 바위지대가 나타난다. 바위 사이로 철사다리가 있어 조심해서 오르면 큰 케른이 있는 갈림길이 곧 나타난다. 갈림길에서 내리막 언덕을 내려 아르장띠에르에서 올라오는 삼거리를 지나 락 블랑에서 흘러내리는 폭포 밑으로 산허리를 돌아 오르면 플레제르에 이른다. 케이블카 역 바로 밑에 산장이 있다.
 한편 트레 러 샹에서 마을 위로 도로 옆 산책로를 따라 15분 오르면 몽떼 고개다. 고개에는 이 지역의 동식물 보호를 위한 전시실이 있어 잠시 둘러볼 만하다. 또한 몽떼 고개 주변은 알프스에서 야생 허브가 가장 많기도 하며 전시실 주변에도 각종 허브 및 알파인 식물들을 구경할 수 있다. 고개에서 바로 시작되는 오르막은 한 시간 정도 이어지고 2000미터 지대에 이르면 경사가 완만해진다. 다시 한 시간 이상 비스듬히 걸어 오르면 케른이 있는 갈림길이다. 여기서 락 블랑으로 바로 오르지 말고 갈림길 우측 위로 난 희미한 길을 따라 가면 세서리 호수들이 군데군데 있다. 한여름에 수량이 부족하면 마르는 것들도 있지만 서너 개는 꽤 크기에 각 호수들을 둘러보고 락 블랑으로 오르면 좋다. 마지막 세서리 호수

10 구간

를 오르고 작은 철계단을 지나 락 블랑에 오른다. 호수 옆 산장에서 마시는 커피도 맛있다. 플레제르까지 하산은 한 시간 조금 더 걸리는데, 몽블랑 쪽으로 쭉 걸어 내리면 되기에 수월하다.

Refuge La Flégère(1877m) : tel. 06 03 58 28 14 / 04 50 53 06 13(bellay.catherine@wanadoo.fr)
Refuge du Lac Blanc(2352m) : tel. 04 50 53 49 14 / 04 50 47 24 49

트레 러 샹에서 본
몽블랑 쪽 일몰

트레 러 샹의 여행자 숙소
Gîte La Boerne(tel. 04 50 54 05 14 / www.la-boerne.fr)

트레 러 샹에서도 몽블랑과 주변 침봉들이 잘 보인다.

알프스 산골의 맷돌.

트레 러 샹에서 15분 거리에 있는 몽떼 고개에는 이 지역의 동식물에 대한 표본 및 자료들이 잘 전시되어 있다.

몽떼 고개(Col des Montets, 1461m)

몽떼 고개에서 오르막을 한 시간 정도 오르면 완만한 길이 이어진다.

몽떼 고개로 하산하는 트레커들.

트레킹 중 만나는 부크뗑(야생 염소). 사람을 좀체 겁내지 않는다.

락 블랑 가는 길에 샤모아(산양)나 부크뗑을 자주 만난다.

산양들은 만년설산을 배경으로 종종 멋진 포즈를 취해준다.

산악마라토너

아르장띠에르에서 올라오는 삼거리.
우측으로 가면 플레제르다. 독일에서 온 지인들과
그들의 애견 조이와 함께. 알프스에서 조이와 함께
했던 즐거웠던 추억이 새삼스럽다.

케른이 있는 갈림길 가까운 곳의 파노라마.
베르트에서 몽블랑까지 한 눈에 들어온다.

돌탑 삼거리

삼거리에서 플레제르로 가는 길에
도 부크뗑이나 샤모아들이 많다.

락 블랑에서 흘러내린 물이 샤모니 계곡으로 흐르고 있다. 플레제르 가는 길에서 본 풍경.

산양 뒤로 저 멀리 얼음의 바다 메르 더 그라스가 보인다.

플레제르 전망대. 산장은 케이블카 역 바로 밑에 있다.

변형 코스
락 세서리-락 블랑 경유

락 세서리. 갈림길에서 락 블랑으로 오르는 큰 길에서 조금 벗어나 오른편 위로 오르면 만난다. 사진은 아래 쪽 세서리 호수이다.

맨 위에 있는 세서리 호수. 오른편 위로 가면 락 블랑이다.

샤모아는 부크뗑과 달리 겁이 많다.

락 블랑으로 오르는 통나무 계단 길.

2300미터 고지의 락 블랑은 6월 초순까지 많은 눈으로 덮여 있다.

한여름의 락 블랑.
몽블랑 산군에서 가장 인기
있는 장소 중 한 곳이다.

한여름 락 블랑에서 맞는 해질녘 풍경.

6월 초순, 락 블랑에서 맞는 아침 풍경.

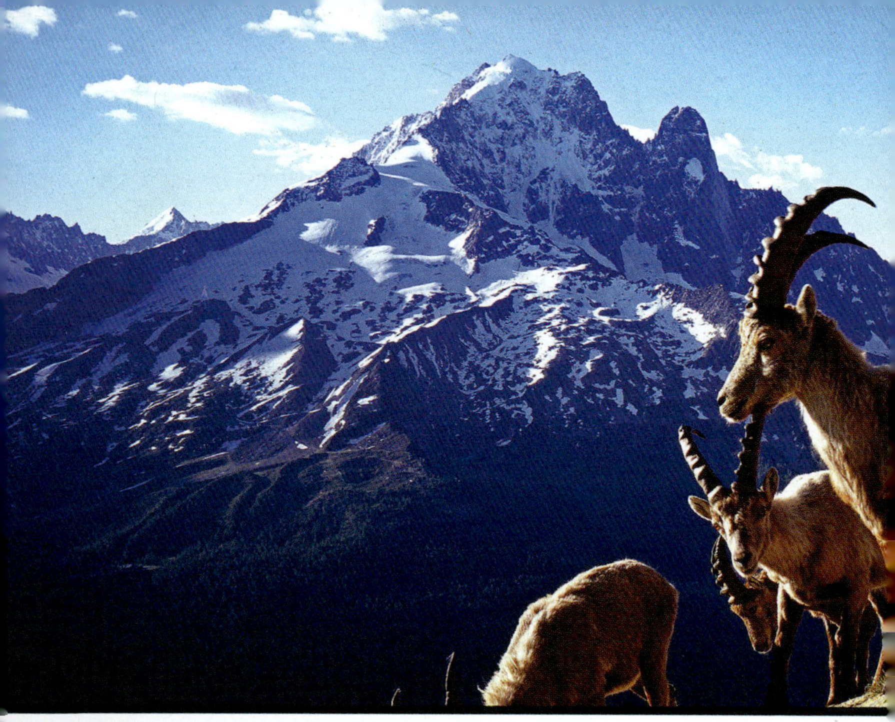

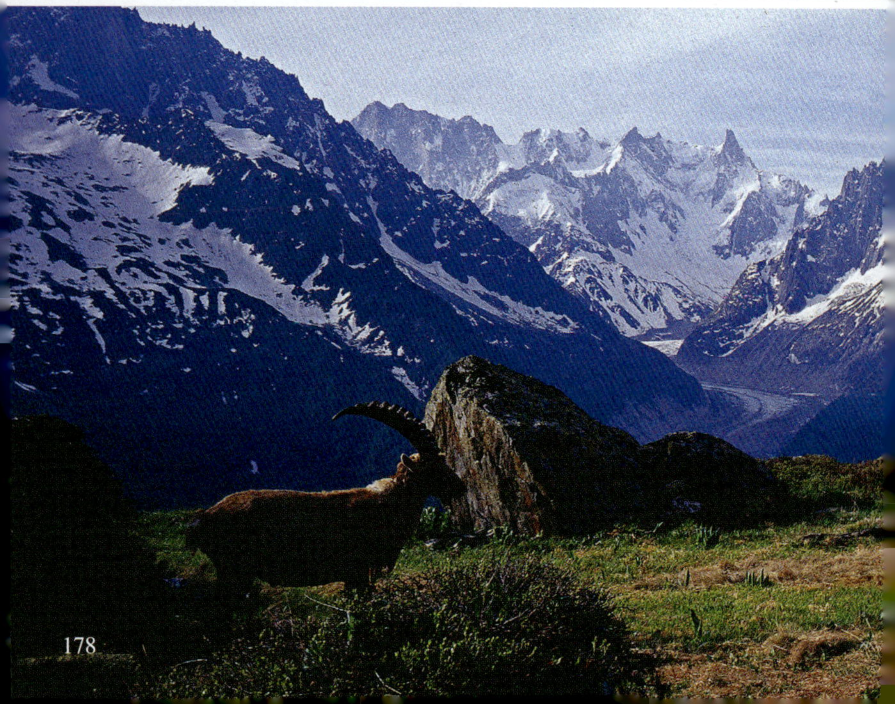

락 블랑 주변 언덕에서도 부크뗑을 흔히 볼 수 있다.

플레제르 가는 길에서 만난 야생 염소들.

11 구간 플레제르 산장 - 벨라샤 산장

플레제르(La Flégère, 1877m) – 쁠랑프라(Planpraz, 1999m) : 2h(-65m / +268m)
Planpraz(1999m) – 브레방(Brévent, 2525m) : 1h30(+445m)
Brévent(2525m) – 벨라샤 산장 (Refuge de Bellachat, 2136m) : 1h(-389m)

거리 : 11km / 시간 : 4h30
등행 : +713m / 하행 : -454m

플레제르에서 브레방을 거쳐 벨라샤로 가는 이 구간은 지도상의 거리나 방향 등 모든 면에서 몽블랑을 가장 가까이서 잘 조망할 수 있어 몽블랑 일주의 마지막 하이라이트 구간이다. 스키장인 쁠랑프라 주변 풍경이 다소 어수선하지만 브레방 고개로 오르면 다시 야생의 세계에 들어서게 되며 브레방 전망대 주변에서 많은 관광객들을 또 만나게 되지만 이것도 잠시, 벨라샤 산장으로 하산길에 접어들면 다시 조용해진다. 몽블랑을 줄곧 앞에 두고 돌길을 걸어 내리는데, 도중에 브레방 호수로 내려갔다가 호수 남쪽으로 이어진 오솔길을 따라 벨라샤 고개로 돌아 나와도 좋다. 체력이 허락하면 벨라샤 산장에서 우쉬로 곧바로 하산할 수도 있지만 서두르지 말고 알프스의 산정에서 마지막 멋진 밤을 맞이하는 것도 좋은 추억이 될 것이다. 그래야 다음날 에귀 데 우쉬 쪽 알파인 평원도 둘러볼 수 있을 테니까.

  플레제르 산장에서 샤모니 쪽으로 바로 내려가는 큰 길을 따르지 말고 케이블카 역 아래 수평으로 난 작은 길을 따른다. 쁠랑프라까지 산허리를 끼고 도는 길이라 오르내림이 심하지 않고 간혹 숲도 조금 있지만 대체로 시야가 트여 몽블랑 산군의 파노라마를 즐기며 걸을 수 있다. 2시간 만에 쁠랑프라에 도착하는데, 스키슬로프를 따라 브레방으로 오르지 말고 우측 산길로 오르면 브레방 고개(2368m)로 이어진다. 가파른 길을 지그재그로 50분 오르면 브레방 고개가 나타난다. 황량한 돌길이 이어지고 브레방 뒷면으로 길이 이어져 몽블랑이 잠시 보이지 않게 된다. 도중에 작은 철사다리가 있어 조심해서 오르면 스키 슬로프가 나타난다. 200미터 넓은 길을 따라 오르면 브레방 전망대다. 샤모니에서 케이블카로 오른 관광객들이 있지만 복잡할 정도는 아니기에 바로 위 전망대에 올라 다시 한 번 더 몽블랑 및 주변 침봉들도 조망해볼 만하다.
  브레방에서 벨라샤 산장으로 내려가는 길은 남쪽으로 돌계단이 줄곧 이

11 구간

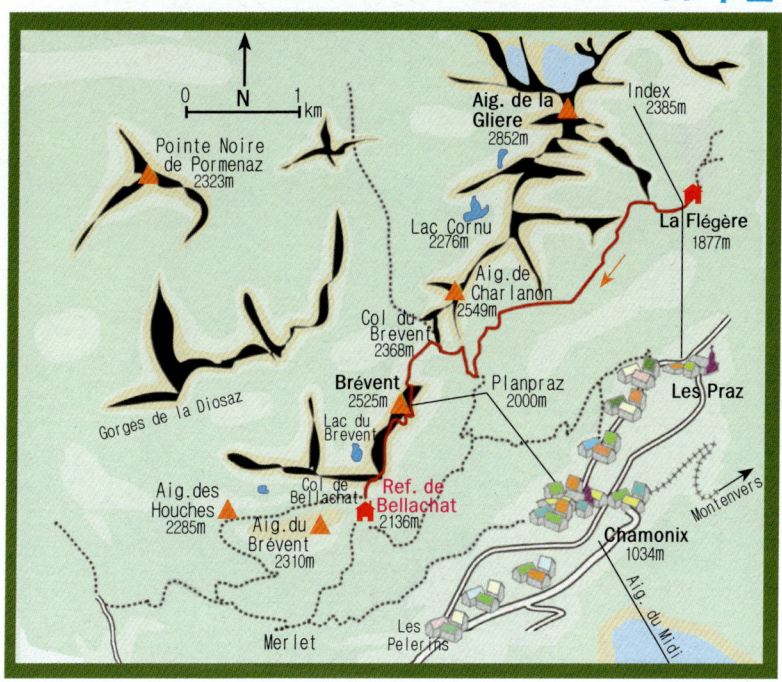

어진다. 가파른 사면을 30분 내려가면 경사가 완만해지고 수평으로 난 돌길을 10분 가다가 언덕을 넘어 10분 정도 하산하면 모퉁이 좌측에 벨라샤 산장이 있다. 한편 브레방에서 30분쯤 하산해 길이 완만해진 지점에 우측으로 내려가는 이정표가 있는데, 브레방 호수로 가는 길이다. 반시간만 더 할애해도 둘러볼 수 있기에 가능하면 호수로 가보는 것이 좋다. 간혹 낚싯대를 드리운 이들이 있는 브레방 호수를 한 바퀴 둘러보고 그 아래의 늪지를 거쳐 벨라샤 고개로 넘어오면 된다. 고개 아래 좌측 모퉁이 너머에 벨라샤 산장이 있다.

벨라샤 산장(Refuge de Bellachat, 2136m) : tel. 04 50 53 43 23

쁠랑프라에서 플레제르로 가고 있는 산악자전거.

플레제르 산장

플레제르 산장 풍경

플레제르에서 브레방의 뻘랑프라까지는 오르내림이 심하지 않아 경치를 즐기기 좋다.

뻘랑프라에서 본 샤모니(www.chamonix.com). 몽블랑 산군에서 가장 큰 산악도시로서 몽블랑 일주(TMB) 전후에 머물기 좋은 마을이다.

뻘랑프라의 알펜로제.

뻴랑프라에서 브레방 고개(2368m) 오르는 길.
나이 드신 트레커가 뻴랑프라로 하산하고 있다.

브레방 고개(Col du Brévent, 2368m) 너머로 몽블랑이 보인다.

브레방 고개(Col du Brévent, 2368m)에서 몽블랑을 지켜보고 있는 트레커.

브레방 고개에서 전망대 가는 길은 북면을 잠시 돌아간다.
도중에 철사다리가 하나 있다.

브레방 전망대. 몽블랑 일주 중 걸어서 오를 수 있는, 몽블랑을 가장 가까이서 잘 조망할 수 있는 곳이다.

브레방에서 벨라샤 산장 가는 길은 처음 얼마간은 돌계단이 많다.

브레방으로 오르는 트레커들 뒤로 몽블랑 산군이 펼쳐져 있다.

이 능선길 아래로 돌아가면 벨라샤 산장이
있으며 능선길이 시작되기 전에 우측으로
내려가면 브레방 호수다.

벨라샤 산장 가는 마지막 구간은 긴 능선길이 이어지고 뒷면 아래로 돌아가면 산장이다.

브레방 호숫가

벨라샤 산장 가는 길에서는 몽블랑 산군의 침봉들을 제대로 보며 걷는다.

벨라샤 산장. 개인 소유의 자그마한
산장으로서 몽블랑이 바로 건너다보인다.

벨라샤 산장 위에서 브레방으로 오르는 트레커들.
7월 초순, 알펜로제가 피어 있다.

벨라샤 산장에서 멀지 않은
브레방 호수 아래의 늪지.

12 구간 벨라샤 산장 - 우쉬

벨라샤 산장(Refuge de Bellachat, 2136m) − Merlet(1580m) 1h30(−556m)
Merlet − 우쉬 기차역(980m) : 1h30(−600m)
Refuge de Bellachat(2136m) − Aig. des Houches(2285m) : 1h
Aig. des Houches(2285m) − Aig. du Brévent(2310m) : 20min
Aig. des Houches(2285m) − Merlet(1580m) : 1h

거리 : 약 7km / 시간 : 3h / 5h
표고차 : −1156m / +174m

몽블랑 일주 마지막 구간으로서 동물공원(Merlet, 1580m)을 거쳐 우쉬로 곧장 하산할 수도 있지만 또 다른 멋진 장소를 둘러보고 하산하면 몽블랑 일주의 마지막을 제대로 마무리할 수 있을 것이다. 바로 벨라샤 고개에서 에귀 데 우쉬를 거쳐 에귀 디 브레방에 이르는 알파인 풀밭 언덕이다. 드넓게 펼쳐진 풀밭에 수많은 양들이 풀을 뜯는 장면을 간혹 볼 수 있고, 몽블랑 등 만년설산을 배경으로 한 한 폭의 평화로운 그림을 만날 수 있다.

　벨라샤 산장에서 우쉬까지 줄곧 내리막길인데, 몇몇 구간은 가파르고 낭떠러지 옆을 지나기에 주의해야 한다. 한 시간 반 하산하면 동물공원이 있어 잠시 둘러볼 만하다. 산양과 사슴 등이 만년설을 배경으로 노니는 모습이 좋다. 동물공원에서 얼마간 도로를 따라 걷다가 다시 숲으로 들어선 후 반 시간도 되지 않아 거대한 콘크리트로 지어진 예수 그리스도 상이 보인다. 몽블랑을 오르는 산악인들의 안녕을 기원하기 위해 세웠다고. 가파른 숲길을 계속 걸어내려 계곡 바닥에 거의 다 내려서면 민가 몇 채가 나타나고, 아스팔트 도로를 백여 미터 따라가면 작은 댐 건너편에 있는 우쉬 기차역이 나타난다. 약 2주 전에 몽블랑 일주를 시작한 곳으로 돌아온 셈이다.
　우쉬로 바로 내려오는 아쉬움을 달래기 위해서는 에귀 데 우쉬-에귀 디 브레방 알파인 언덕을 둘러보는 것도 좋다. 우선 벨라샤 산장에서 서쪽 벨라샤 고개로 10분 올라 에귀 데 우쉬(2285m)까지 서쪽으로 완만한 오르막을 오른다. 한 시간 걸려 에귀 데 우쉬 정상에 서면 몽블랑 산군 서쪽 외곽 지역과 살랑쉬 평원이 한 눈에 들어온다. 여기서 뒤돌아 에귀 디 브레방(2310m) 쪽으로 완만한 풀밭길을 걷는데, 이 구간의 하이라이트인 곳이다. 평원을 둘러보고 다시 에귀 데 우쉬로 돌아와 우쉬 쪽인 남쪽 사면을 걸어내려 목장(Chalets de Chailloux) 하나를 지나고 전나무 숲에 접어들어 한 시간 만에 동물공원에 이른다.

Les Houches(1007m) : www.leshouches.com
샤모니 못지않은 큰 산악도시로서 각종 편의시설들이 잘 갖춰져 있다.

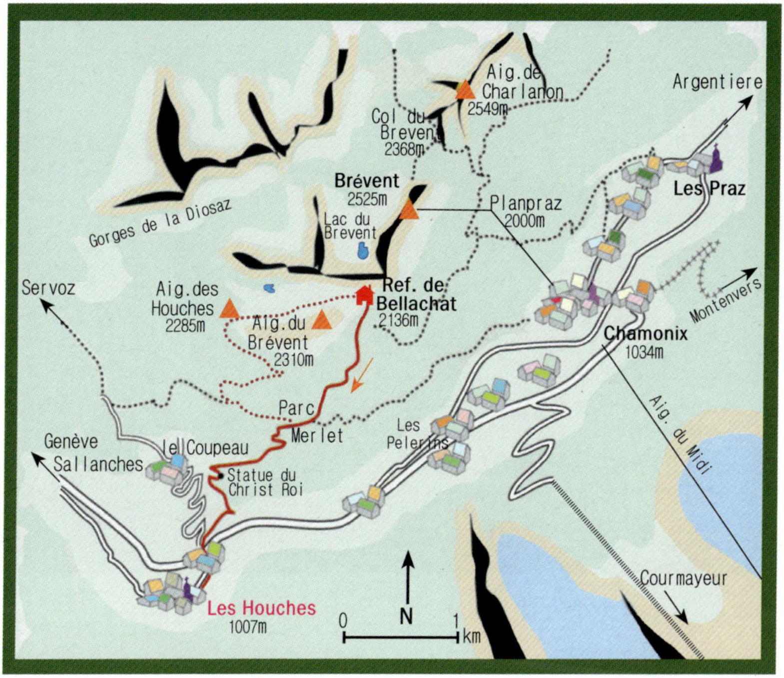

Aig.de
Charlanon
2549m
Argentiere
Col du
Brevent
2368m
Brévent
2525m
Les Praz
Planpraz
2000m
Gorges de la Diosaz
Lac du
Brevent
Servoz
Aig.des
Houches
2285m
Ref. de
Bellachat
2136m
Aig.du
Brévent
2310m
Montenvers
Chamonix
1034m
Parc
Merlet
Les
Pelerins
Aig. du Midi
Genève
Sallanches
lel Coupeau
Statue du
Christ Roi
Courmayeur
N
0
1
km
Les Houches
1007m

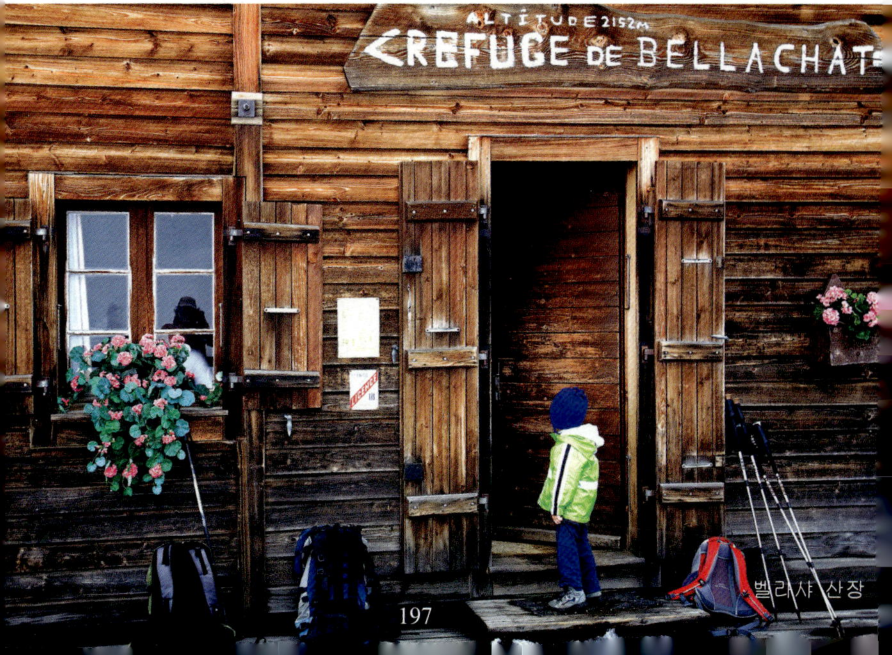

ALTITUDE 2152m
<REFUGE DE BELLACHAT
LICENCE

벨라샤 산장

벨라샤 산장. 자그마한 개인 소유의 산장으로 몽블랑 쪽 전망이 좋아 인기 있다.

어린이들도 즐겨 찾는 벨라샤 산장에서 우쉬로 하산하고 있다. 계속 내리막이다.

샤모니 계곡을 왼편 아래에 두고 걷는다.

하산하는 내내 보송 빙하와 타코나즈 빙하가 보인다.

모퉁이를 돌면 우쉬가 한눈에 보인다.

몽블랑 등정자들의 안녕을 기원하기 위해 세워진 그리스도 상.

그리스도 상 앞 이정표. 여기서 우쉬까지 반 시간 거리다. 몽블랑 일주 중 이런 이정표들이 잘 되어 있어 길 잃을 염려는 적다.

좌측 위에 에귀 디 구떼가 보이는 우쉬 중심가의 교회 주변. 여기서 길을 따라 한 정거장 가면 벨뷰행 케이블카 역이 있고 조금 더 가면 몽블랑 일주의 시작점 러 푸이이(Le Fouilly, 1010m)가 있다.

우쉬 관광정보센터 앞 거리. 알프스 트레킹 중 각 마을의 관광정보센터나 (아래 사진처럼) 민가의 주민들에게 궁금한 사항들을 물으면 친절하게 알려준다.

변형 코스
에귀 데 우쉬-에귀 디 브레방

벨라샤 고개(2130m)에서 벨라샤 산장으로 향하는
트레커들 뒤로 몽블랑 산군이 펼쳐져 있다.

벨라샤 고개(2130m) 너머 서쪽에
피츠 장벽이 구름 아래에 있다.

에귀 데 우쉬로 오르면서 벨라샤 고개로 돌아본 풍경.

벨라샤 고개에 내려서는 트레커들.
고개에서 길을 따라 비스듬히 오르면
에퀴 데 우쉬(2285m)이다.

벨라샤 고개에서 에퀴 데 우쉬 쪽으로
반 시간 거리에서 본 일출 파노라마.

벨라샤 고개의 일몰 풍경.

늦가을(10월말) 풍경.

가을색이 완연한 늪지 너머로 몽블랑
산군의 파노라마가 펼쳐져 있다.

에퀴 데 우쉬로 가는 길 곳곳에 늪지가 있다.
가을색이 완연한 9월 중순의 모습이다.

에귀 디 브레방과 에귀 데 우쉬 북측은 카를라베이롱 자연보호
구역이라 2000미터 고지의 알파인 환경이 잘 보존되어 있다.

6월 말, 에귀 디 브레방 북면에 눈이 녹기 시작
하고 습지의 생물도 잠에서 깨어난다.

7월 초, 에귀 데 우쉬 북면에 민들레가
만발한 가운데 저녁놀이 물들었다.

에귀 디 브레방에 올라서는 트레커들.
뒤편 언덕 너머에 에귀 데 우쉬가 있다

벨라샤 산장

에귀 디 브레방 주변 풀밭에서 풀을 뜯는 양들 뒤로 몽블랑과 주변 봉우리들이 펼쳐져 있다.

에귀 디 브레방에서 에귀 데 우쉬로
걷는 트레커들.

에귀 디 브레방 ~ 에귀 데 우쉬 사이의
아침 풍경.

브레방 전망대

Chalets de Chailloux. 에귀 데 우쉬에서 동물 공원 메를레로 내려가는 길에 있다.

에귀 디 브레방-에귀 데 우쉬 간 알파인 언덕은
몽블랑을 가장 잘 조망할 수 있는 트레킹 구간이
라 필자가 즐겨 찾는 곳이다.

우쉬 언덕에서 몽블랑 산군 서쪽 외곽의
피츠 장벽 쪽으로 본 해질녘 풍경.

하늘에서 본 몽블랑 산군.
몽블랑 정상 상공에서 본 북동쪽 전경으로 저 멀리 마터호른이 있는 발레 산군(오른편 위)과 융프라우가 있는 베르너 오버란트 산군(중앙 위)도 보인다. 마터호른 일주(TMR) 및 융프라우 일주(TJR) 또한 알프스의 멋진 트레킹 코스들이다.

4-각종 연락처

1구간 우쉬(Les Houches, www.leshouches.com)
Chalet-Refuge Michel Fagot(1007m) : tel. 04 50 54 42 28(info@gite-fagot.com) / Auberge Le Crêt(1100m) : tel. 04 50 55 52 27(aubergelecret@wanadoo.fr) / Gîte du Vieux Manoir : tel. 04 50 54 46 33
Refuge de Miage, 1559m) : tel. 04 50 93 22 91

Chalet-Refuge du Fioux(1520m) : tel. 04 50 93 52 43
Gîte de Bionnassay(1320m) : tel. 04 50 93 45 23
Gîte du Champel(1201m) : tel. 04 50 47 77 55(gite@champel.fr)

2구간 Refuge de Truc, 1720m) : tel. 04 50 93 12 48
Les Contamines(1167m, www.lescontamines.com)
Refuge de la CAF : tel. 04 50 47 00 88 / Chalet Bonaventure : tel. 04 50 47 23 53 / Hotel Christiana : tel. 04 50 47 02 72
Refuge de Tré-la-Tête(1970m) : tel. 04 50 47 01 68
Refuge de Nant-Borrant(1459m) : tel. 04 50 47 03 57(refugenantborrant@free.fr)
Refuge de la Balme(1706m) : tel. 04 50 47 03 54 / 17 05

3구간 Refuge de la Croix du Bonhomme(2440m) : tel. 04 79 07 05 28(refuge-bonhomme@free.fr)
Les Chapieux(1554m) : Auberge de la Nova : tel. 04 79 89 07 15(info@refugelanova.com)
Refuge des Mottets(1870m) : tel. 04 79 07 01 70(refuge@les-mottets.com)

4구간 Refugio Elisabetta Soldini(2195m) : tel. (00 39) 01 65 84 40 80(info@rifugioelisabetta.com)
Refuge de Maison Vieille(Col Checroui, 1956m) : tel. (00 39) 01 65 80 93 99 / 03 27 23 09 79(www.maisonvieille.com / info@maisonvieille.com)
Rifugio le Randonneur(1890m) : 349 53 68 898(www.randonneurmb.com / info@randonneurmb.com)
Refuge Monte Bianco(Val Veni, 1675m) : tel. (00 39) 01 65 77 86 02 / 76 87 76(info@refugiomontebianco.com) 01 65 86 90 97

5구간 꾸르마이예(Courmayeur, 1223m) : www.lovevda.it / courmayeur@turismo.vda.it
Pensione Venezia : tel. 01 65 84 24 61
Hotel Select : tel. 01 65 84 66 61(www.courmayeurhotel.com)
Hotel Edelweiss : tel. 01 65 84 15 90(info@albergoedelweiss.it)
Hotel Svizzero : tel. 01 65 84 81 70(www.hotelsvizzero.com)
Hotel Crampon : tel. 01 65 84 23 85(www.crampon.it)

Refuge Bertone(1970m) : tel. (00 39) 01 65 84 46 12 / 01 65 89 336(www.rifugiobertone.it / info@rifugiobertone.com)

6구간 Refuge Bonatti(2025m) : tel. (00 39) 01 65 18 55 523 / 03 65 68 578(www.rifugiobonatti.it / rifugiobonatti@gmail.com)
Hotel Lavachey(1642m) : tel. (00 39) 01 65 86 97 23(www.lavachey.c
Chalet Val Ferret(1784m) : tel. (00 39) 01 65 84 49 59
(www.chaletvalferret.it)
Refuge Elena(2062m) : tel. (00 39) 01 65 84 46 88
(rifugioelena@virgilio.it)

구간 Alpage de la Peulaz(2071m) : tel. 027 783 1044(www.lapeulaz.skyrock.com)
Ferret(1700m) : Gîte de la Lechere(tel. 079 433 4978)
La Fouly(1610m, www.st-bernard.ch) : Chalet Le Dolent(tel. 027 783 2931, www.dolent.ch), Gite Les Girolles(tel. 027 783 1875, lesgirolles@netplus.ch).
Champex(1466m, www.champex.info) : Pension En Plein Air(tel. 027 783 2350, pensionenpleinair@bluewin.ch), Au Club Alpin(tel. 027 783 1161), Chalet du Jardin Alpin(tel. 027 783 1217, info@flore-alpe.ch).

구간 Arpette(1627m, 45min) : Relais d'Arpette(tel. 027 783 1221 / info@arpette.ch), 캠핑장.
Champex d'en Haut(1440m, 20min) : Chalet Bon-Abri(tel. 027 783 1423 / www.gite-bonabri.com)
Col de la Forclaz(1526m, 4h) : Hotel du Col de la Forclaz(tel. 027 722 2688 / www.coldeforclaz.ch), 캠핑장, 식당, 버스.
Le Peuty(1328m, 6h30) : Gîte Refuge du Peuty(tel. 027 722 0938)
Trient(1279m, 7h50) : Auberge Mont Blanc(tel. 027 767 1505 / info@aubergemontblanc.com), La Grande Ourse(tel. 027 722 1754 / www.la-grande-ourse.ch), 캠핑장, 식품점, 버스.
Refuge Les Grands(2113m, 7h) : tel. 026 660 6504

구간 Refuge Col de Balme(2191m) : tel. 04 50 54 02 33
Le Tour(1453m) : Chalet Alpin du Tour(tel. 04 50 54 04 16)
Tré le Champ(1417m) : Gîte La Boerne(tel. 04 50 54 05 14 / www.la-boerne.fr)
Chalet Skiroc(le Buet, 1337m) : tel. 04 50 54 60 32
Gîte Le Moulin : tel. 04 50 54 05 37 / www.gite-chamonix.com)

구간 Refuge La Flégère(1877m) : tel. 06 03 58 28 14 / 04 50 53 06 13(bellay.catherine@wanadoo.fr)
Refuge du Lac Blanc(2352m) : tel. 04 50 53 49 14 / 04 50 47 24 49

구간 Refuge de Bellachat(2136m) : tel. 04 50 53 43 23

구간 Les Houches(1007m) : www.leshouches.com
Chamonix(1034m) : www.chamonix.com

-기타-
www.walkingthetmb.com(몽블랑 일주)
www.meteo.fr(날씨 정보)
www.ohm-chamonix.com(몽블랑 산군 산장 및 산행정보)
www.chamonix-bus.com(버스 정보)
www.compagniedumontblanc.fr(샤모니 계곡 케이블카 정보)
www.chamonix.com/.net
www.leshouches.com
www.lescontamines.com
www.lovevda.it / courmayeur@turismo.vda.it
www.champex.info

발므 고개

2000미터 지대는 여름철
도 쌀쌀할 수 있어 침낭
600-800g 정도면 좋다.

캠핑하기 좋은 장소

1일 : 미아즈 산장 건너편 개울가 풀밭
2일 : 발므 산장 옆 무료 캠핑장
3일 : 본옴므 산장 위 풀밭
4일 : 세이뉴 고개 아래 엘리자베타 산장 가까운 개울가
5일 : 베르토네 산장 위 풀밭 언덕
6일 : 보나티 산장 위 개울가
7일 : 라 풀리 캠핑장
8일 : 샹뻭스 캠핑장
9일 : 발므 고개 산장 옆 풀밭 언덕(식수 없음)
10일 : 락 블랑 호수 옆 풀밭
11일 : 벨라샤 고개 주변

몽땅베르 언덕

경치 좋은 구간

1일 : 트리코 고개와 미아즈 마을
2일 : 트리꼬 산장 가는 길과 발므 산장 가는 길
3일 : 본옴므 산장 가는 길과 푸르 고개
4일 : 세이뉴 고개와 발 베니 언덕 허리길
5일 : 꾸르마이예와 돌론네 골목길
6일 : 삭스 언덕과 말라트라 계곡
7일 : 그랑 페레 고갯마루
8일 : 아르페뜨 고갯마루
9일 : 발므 고개와 포제트 언덕
10일 : 락 블랑 호수
11일 : 브레방 및 벨라샤 고개 주변
12일 : 에귀 디 브레방-에귀 데 우쉬 구간